MAGAZINE FOR A MAN CONTINUE TO CHALLENGE

STEPPIN' OUT!®

挑戦し続ける大人たちへ

AUGUST 2021 VOLUME19

柚希礼音　茂木欣一　西田尚美 × 市川実和子　高岡早紀　秋山竜次（ロバート）HIRO KIMURA

ずっと走り続けている訳にはいかない。
どこかで小休止が必要だ。
ところが不思議なことに。
この合間の時間にいろんな気付きがある。
ずっと動かないでいては、起こらない。
動いていたからこそ、
このひとときが尊いのだ。
英語でブレイク。
ここでは休むという意味だが、

画・早乙女道春

何かを打ち破るという意味もある。

そう。

次なる移動へのエネルギーをチャージ。
新しいアクションを起こすための準備。
リミットがあるブレイク・タイム。
じっくりと、ゆったりと、味わっていたい。

小鹿 涼

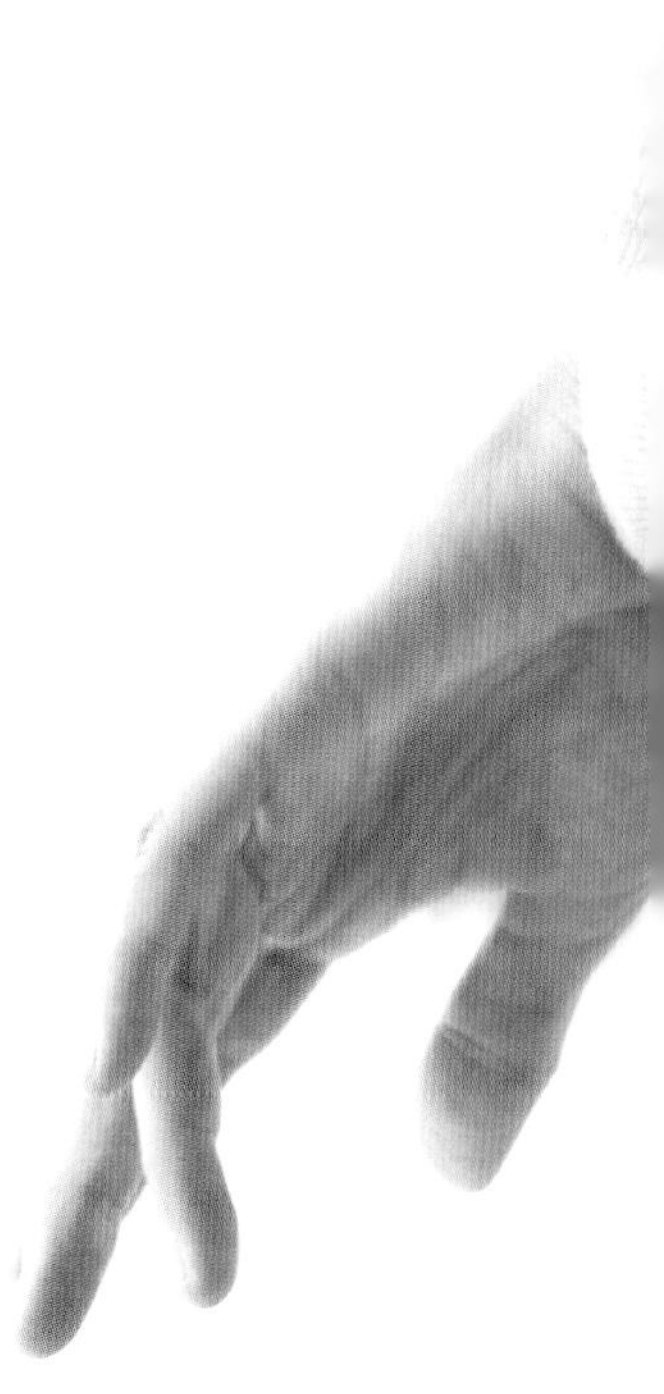

柚希礼音

撮影 Allan Abani スタイリング 間山雄紀（MØ）
ヘア&メイクアップ 藤原羊二（UM） 対話 山崎二郎

004-013 page ニット（39,000yen）（税別）／リビアナ コンティ（グルッポタナカ tel.0120-135-015） 020-025 page ジャケット（430,000yen）、パンツ（190,000yen）イヤリング（190,000yen）、シューズ（99,000yen）／以上、ジョルジオ アルマーニ（ジョルジオ アルマーニ ジャパン tel.03-6274-7070） ※すべて税別 026-033 page ドレス（770,000yen）、シューズ（99,000yen）／共に、ジョルジオ アルマーニ（ジョルジオ アルマーニ ジャパン） ※共に税別

「本当の私はこうゆう感じなんです！」と自分を出していったんです。そうしたら思いの外、愛着を持って観てくださる方が増えて。役作りの時も、カッコ良いだけではない人間味の部分を表現したいと変わりました

言わずと知れた元・宝塚のトップスター。２０１５年の退団後は、同年『プリンス・オブ・ブロードウェイ』、２０１６年『バイオハザード～ヴォイス・オブ・ガイア～』、２０１７年『ビリー・エリオット～リトル・ダンサー～』、２０１８年『マタ・ハリ』、２０１９年『ＦＡＣＴＯＲＹ ＧＩＲＬＳ ～私が描く物語～』、２０２０年『ボディガード』他と、毎回、新しい役柄に挑戦してきた。舞台だから、違う役というのは当たり前だが、彼女の場合、宝塚の男役で作り上げてきたスタイルをゼロに戻して、女性役という、まさに挑戦。加えて、自身プロデュースのソロ・コンサート『ＲＥＯＮ ＪＡＣＫ』、女優としてテレビ・ドラマ出演と、新しい扉を開け続けてきた。今年、アイススケート・ショー『ＬＵＸＥ』に続き『マタ・ハリ』の再演が開催。１つのスタイルに安住せず、新しい自分に出会うべく、挑戦を繰り返す佇まいに魅せられる。

これまで身を縮めて生きてきたのに、初めてそのままで良いのだなと思いました

――柚希さんのこれまでの道は、挑戦の歴史だったのだと思うのですが、今振り返られると、最初の挑戦は宝塚音楽学校に入った時ですか？

柚希 そうですね。クラシック・バレエを習っていた時も、コンクールなどがある度に、子供なりには挑戦をしていましたが、宝塚音楽学校に入ったのは大きい挑戦でした。歌い、お芝居をしなきゃいけないことや、宝塚らしさなど、すべてのことが、入ってから学ぶことでした。私が入った時は、周りのみなさんはすでに「誰々さんの真似」と言ってお芝居を楽しそうにしていたので、私はまずその〝誰々さん〟という上級生の方を覚えることから始めて。あまり（宝塚歌劇団の作品を）観ていない状況で入らせていただいたので、入ってから宝塚歌劇団をすごく好きになりました。

――そこからトップまで行かれるケースはなかなかないですよね。

柚希 そういう方もいらっしゃったみたいですが。まさかトップさんになるなんて当初は夢にも思っていなかったですから。バレリーナになりたかったのですが、日本でもっと踊れるところがあるという、それだけでした。バレエだったら1分半の出番に1年間練習したことのすべてを掛けなきゃいけないですけど、宝塚歌劇団では1つの公演を1ヶ月間もできるということに初めは感動してしまいましたね。

――バレエでは、海外に行かれたいという希望があったのですね。

柚希 そうなんです。背が高くなったので、日本で組める男性がいなくなり、アメリカのアメリカン・バレエ・シアターに行ってみたいと思っていました。高校2年生の時ですね。進路を決める際に、私は海外でバレエを勉強したいと、

願書も取り寄せて、記入もして。でも出す直前に、親が「止めるなら今だ」と思ったようでした（笑）。親は中学3年生くらいの時から「向いていない、お金を取れるバレリーナにはなれない」ということを、なるべく伝えようと言い続けていたんですけど、私が「バレエをするんだ！」と頑なで（笑）。親はその気持ちを尊重すべきかどうするべきか悩んでいたみたいです。

――そうだったのですね。背が高くなったなど「周りと違うのかな」と思い始めたのはいつくらいだったのですか？

柚希　小学校3年生からバレエを始めて、6年生くらいの時には思っていました。通っていたバレエ教室の天井の蛍光灯に足が当たって壊してしまったり（笑）、リフトの練習の時は、外に出て、道端で男性とリフトの練習をしてもらっていたりして。背が高すぎて、普通の稽古場だと天井が足りないんですよ。だから中学1年生の時にバレエ教室も天井の高いところに変えて。その頃には普通のサイズのバレリーナではないことに気付いていましたね。でもなんとかダイエットをして、なんとか華奢に見せかけようと心掛けていたんです。

――初めて宝塚歌劇団の作品を観劇したのはいつ頃でした？

柚希　宝塚音楽学校を受けることが決まってからでした。受験の申し込みをして、試験が3月なので、2月くらいに初めて観に行って。

――ええっ⁉

柚希　（笑）入試で面接の時に、「何（の作品）を観たことがありますか？」と聞かれるというので、「あっ、観ないと」って（笑）。しかも、男役か娘役のどちらかにならなきゃいけないことさえも分かっていなくて。

――今は、受験する際に、すでにヘアスタイルなどを決めていかれる方も多いですよね。

柚希　そうですね。そんな方も多いですが、私は全然で。入ってから、身長で男役になり「こっちからこっちの身長の人はだいたい男役だから髪を切りなさいね」、「あ、はい」という感じでした（笑）。

――（笑）柚希さんの著書『夢をかなえるために、私がやってきた5つのこと』で、「身長が高い、肩幅が広い、そういったコンプレックスがプラスに転じた」と書かれていましたが、はっきりとそう感じられたのはいつ頃だったのですか？

柚希 それは宝塚歌劇団に入ってからですね。食べることも大好きだったから、すごく体格が良かったんです。ある時衣裳部さんから「あら、あなた肩パッドが要らないわね」、「肩パッドが分厚すぎると見た目で分かるから、肩パッドがない方が、動いた時に綺麗に見えて良いのよ」と言われて。「これはこれで良いんだ」と初めて思えました。あとは2番手くらいになってきた時に「手の血管が良い」と言われたり。コンプレックスだった男性みたいな（笑）、血管と筋が良いとされて「えっ、これが良いの？」と。プニプニした可愛い手の子は、筋を出したくて頑張っていたそうです。身体のすごく細い方はもう1枚ズボンを履いてから衣裳を着ていたのですが、それもしなくて良くて。これまで身を縮めて生きてきたのに、初めてそのままで良いのだなと思いました。

――むしろ、それがオリジナリティだと？

柚希 そうです。

――これまでのマイナス・ポイントがプラスになると気付いた瞬間って、ガラッと世界が変わる気がしたのではないですか？

柚希 その時は「良かった～！」まではなくて、1つひとつのことが「そうなんだ……これが良いんだ、へぇ～」と。これはこれで良いんだと、なんだか少しずつ自分を認めていける感覚でしたね。その積み重ねで、何年も過ごしてから「私はバレエをずっとやっていきたいと思い込んでいたけど、やはり好きってだけではだめな、自分に向いているこということがあるんだな」と初めてそういう事実に気付かされました。

人前で声を発さなくて良いからバレエが大好きだったんです

――驚いたのが、歌があまり得意じゃなかったと？

柚希 そうなんです。歌を歌わなきゃいけないなんて聞いてないわと思っていました（笑）。受験するちょっと前に知って、大急ぎで、高校の同級生のご両親が体育の先生でその繋がりで音楽の先生を紹介していただき、なんとか受験までに歌を2ヶ月習いました。最初は「2ヶ月では甘いということは、もちろん分かっていますけど、とにかく頑張らないと……」くらいの感じでしたが、だんだん「受けるからには本気で挑戦しよう！」という気持ちになっていき、歌の先生もなんとか引き上げてくださいました。ただ、そこからが本当に大変で。譜面を読まなきゃいけない試験があるのですが、ド、レ（↑）なのに、私はド、レ（↓）って下がっちゃうくらい分かっていないんです。周りが「ド、レ（↑）でしょ！」と突っ込むほど（笑）。でも同期もみんな優しくて、いろんなことを教えてくれ、助けてもらいました。ただ、舞台上で歌わなきゃいけない役が付き出してからは、誰も助けられないというか、自身で練習するしかない。ひたすら歌の先生に付き合ってもらい、ちょっとずつ、1ミリずつ成長していくという感じでしたね。

――ということは柚希さんの歌唱は天性のものではなかったと！

柚希 まったくです！

――努力で培ったものだったのですね。

柚希 昔からずっと人前に出たくない子でした。小学校の頃から「答えは分かっているけど、注目されたくないから答えたくない」というタイプ。すぐに顔が赤くなるんです。だから、人前で声を発さなくて良いからバレエが大好きだったんです。意外にもバレリーナには、歌ったりするのは嫌だけど、バレエでなら表現できるから好きという方が多くて。すっごく分かるなと思っていたのですが、まさかの私が避けていたことをしないといけない人になって。「はぁ、本当にどうしよ……」と思っていました（笑）。

――小学校、中学校は「私を見て！」と言っているタイプと真逆だったと？

柚希 まさに。できれば終わりの会などでの発言もしたくなくて。（宝塚）音楽学校に入り、本科生（2年生）になると予科生（1年生）を指導しなきゃいけないのですが、40人の予科生の前で「こうですよ」と言うことさえできませんでした。今まで人に何かをアドヴァイスすることもなかったので、言葉がまず出てこないんです。でも、同期が「絶対に言わないといけないからね」とか言うんですよ（笑）。そういうことを経て、ちょっとずつできるようになっていきました。本当に、宝塚の立場が、だんだんと人を作ってくれるんだなと思います。退団した今はもともとの引っ込み思案な性格も出てきて、あそこまでバーン！とハッキリした感じを出すのがちょっと怖くなってしまいましたけどね（笑）。

――それなりの年齢になって管理職になると、年の離れた部下を指導するパターンが多いですが、宝塚のみなさんは年齢もそこまで変わらないですよね。

柚希 音楽学校の時なんて本当に変わらないですね。

――本科生から、後輩にアドヴァイスしていく立場になるのですね？

柚希 はい。その先、私がちゃんと下の子を指導しなきゃと自覚を持ち始めたのは、研5の5年生の頃に、初めて新人公演で主役をした時（２００３年『王家に捧ぐ歌』）でした。（当時、星組トップスターの）湖月わたるさんが「星組のダンス・リーダーなんだから、若い子たちをしっかり見ていかないと。５年生だからまだまだ下級生だと思っていたらダメだよ」と言ってくださったんです。その時は、なんとなく5年生ってまだまだたくさん先輩方がいるから、思ったことがあったとしても、私たち以下のラインで練習することはあまり良くないのかなとか思っていたんですよね。けれど、私が指導することによって自分も成長できるんだからと言われて、考えが変わりました。その後は、人に注意したからには自分もちゃんとせねばという責任感が生まれて。今考えると、あのくらいの時に任命してくださったのがありがたく思います。「私がしなきゃいけないんだ」と思うと、何かしようと動きますから。その時に感じたことは今でも変わらず大事だなと思っていて、若い子に責任のある立場を任せることは意識しています。「頼りにしてるよ！」という気持ちの表れでもありますから。

――完璧に在り、引っ張っていくのではなく、時には弱さも見せたりしていくことが柚希さんなりのトップの像だったんですね？

柚希 トップさんになりたての時は、力でガンガン引っ張っていこうと思っていたのですが、それだとどこかみんながついてこなくて。やっぱり力で引っ張るだけではダメなんだと思いました。もっと自分がリラックスしよう。自分がリラックスして、とにかく自分のことをしようと集中しているうちに、弱さも見せるようになりましたね。あとはみんなに「私だけではできないから、ここを助けてください」と言えるようになりました。以前は「全部自分がやるんだ、やるべきなんだ！」と思っていたけど、できないことを甘えたら「助けるよ」と言ってくれて。だってチームですからね。何かできることはないかなと思ってくださる方しかいないんですから。そこからはすごく良い雰囲気で廻り出しました。

――今のご発言、どんなところにも応用できることなんですよね。

柚希 そうなんですよね。1人で頑張っている人もいますけど、それだとね、上手く回らないみたいなことありますもんね。周りが何かしてあげたくても、何をしたらいいのか分からないとかね。

――言えないなど、空気もあると思いますし。そのようなスタンスになった時、ご自分の中で楽になった感覚とかはありました?

柚希 すごく楽になりました。「できない」なんて言っちゃいけない、下級生に憧れられなきゃいけないんだと思っていたので。本当はできないこともすごく多くて、――例えば、本読みで漢字を間違えることがないように事前にたくさん調べたり教わったりしながら過ごしていたんですよ――そういうところも含めて、本番までどう持っていくのか?を見てくれるようになって。「私たちのことを頼ってください」と言ってくれたのは、ありがたかったです。

――不完全でも良いという点は、バレエの世界だとあり得るんですか?

柚希 バレエだとダメですよね。

――そうですよね。

柚希 そこにすべてを賭けているので。バレエをやっていた時は、ラインやテクニックがすべてだと思っていました。それは私がバレエの、テクニックのところまでしかちゃんと学べていなくて宝塚に行ったので、そこから歌やお芝居を学んで、全ては心の表現なのだなと思いましたが――例えば、ピルエットでも、自分1人との闘いですからね。常に完璧でいないといけないシビアさもあると思います。

――バレエから宝塚へ、踊るということだけ見ても違っていますけど、お考えさえも真逆な世界に入られたんですね？

柚希 本当にすべてを学ばせていただいた場所ですね。

――そこからトップになり、今までは苦手としていたこととも向き合って。周囲の方々を見ながら自分の演技もし、さらにはレヴェル・アップさせるということは、難し過ぎることだと思うんですよね。監督だけだったらまだしも、プレイング・マネージャーですから。

柚希 本当に。今思うと劇団ならではだと感じますね。つい最近まで生き生きしていたのに最近なんか暗いなという子がいたら、時間を見つけてちょっと話しかけてみるとか、そういうこともやるので、劇団感、家族感がすごくあるんですよね。

誰も言ってくれないから自分でチェックしなきゃいけないんだと、そこでようやく自覚するんです

――トップになられて、今まで見えなかった景色が見えてくると思いますが、そこでもっとご自分の中でレヴェルを上げていかなきゃならないんだなと感じられた出来事はありましたか？

柚希 私は星組でずっと育ったので、みなさんにとって私は〝育てている人〟という感じだったと思うんです。実際、2番手の最後の最後までみんなが手取り足取り教えてくれていて。髪型が変だとか、メイクがどうだとか、私が捌けたら、今の芝居はなんだとか。色々言ってもらう人だったんですけど、トップさんになったら、途端にみなさん「トップさん！」という感じになってしまい。先生や演出家さんも、今までみたいに色々なことを言ってくれなくなるんです。

――先生とか演出家の方までですか？

柚希 先生方はもちろん演出的なことや役柄についてのことは言ってくれますが、２番手までのように育てる感じではなく、やはりトップさんとして尊重してくださっているのもあり、必要最低限のことを言ってくださるようになるんです。でも、私は気を遣って欲しくなくて「どんどん言ってくださいよ」と毎回言うのですが、やっぱり〝育てている男役〟というよりも〝一組のトップ〟になる。カリスマ性が出るようにしてくださったのもあると思います。そして、誰も言ってくれないから自分でチェックしなきゃいけないんだと、そこでようやく自覚するんです。教わっていた時は、周りが何かしら言ってくれるから、なんとなく甘えていたんだなと。だから、誰も言ってくれなくなってからの方が自分で考えるようになり、そこからは本当に成長したように思います。

――言ってくれなくなるのは辛いかと思います。

柚希 それは皆さんが愛を持ってトップさんに敬意を払ってくださってのことなのですが、でも自分としたらやはり変なところは教えていただきたいと思います。

――となってくると、自分との対話も増えてくるということですよね。１日中家にいるのは辛いという性分の柚希さんにとって、苦痛ではなかったですか？

柚希 それがですね、ほぼ劇団で稽古はやって帰って、個人レッスンの歌は歌の先生の家でやるので、あまり家の中ではやっていなかったんですよ。

――切り替えられて？

柚希 はい。稽古場でぜーんぶやって帰る。家に帰って振りを思い出したり、譜面の音取りをしたりはするんですけど。あ、でも頭の中で全幕通しをしたりとイメトレはしていましたが、ここができないから家で練習しようみたいなことはしていなかったです。

——柚希さんはトップの在籍期間が長かったじゃないですか？　後半になると、ご自分の意識も変わっていったのではと想像するのですが？

柚希　宝塚歌劇95周年（２００９年）の時にトップさんになりましたが、なりたての頃はあまりにも未熟者で、「この子、まだ若くて未熟に感じるのにトップさんになったな」と周りの方々に思われているんじゃないかという気がしていました。「まだまだそんなにできないのにどうするんだ」というような、ちょっとした空気の中、未熟者ですが一生懸命やります！と、毎回全力で挑んで必ず毎公演ごとに成長し良くなるぞと！と、そこからの5年間は必死でした。なので、１００周年の（公演の）１本目をやらせてもらえるだなんてことも、到底思ってもいなくて。１００周年まで頑張ろうとは思いながらも、自分が一番びっくりすることだらけでした。

——１００年の歴史を背負われるということでしょうか？

柚希　はい。あの日、初日の元旦のお客様の空気には本当に震えました。

——そこで多くの方の前で、舞台からのご挨拶をされて。

柚希　紋付袴でご挨拶してから、すぐにメイクをして『眠らない男・ナポレオン -愛と栄光の涯に-』でナポレオンを演じさせていただきましたが、厳かすぎて、またまた震えました。

初めてソロ・コンサートをした時からが柚希礼音の第2の人生とも言える気がします

——在団中にソロ公演をおこなうことは、あまりポピュラーなことではないですよね？

柚希　そうなんです。トップさんが一度はされることはありましたが、私のように何度もさせていただくようなことはあまりなかったのではないかと思います。初めてソロ・コンサートをした時からが柚希礼音の第2の人生とも言える気がします。それまではファンの方の前でもちょっとカッコつけていたんです。でも、ソロ・コンサートは役でもない柚希礼音で、一幕も二幕もいなきゃいけない。カッコつけているだけではもたない3時間があって。作詞もしてみたり、色々なことに挑戦しました。これまで私のカッコ良い部分を見て好きになってくださったファンの方々の中には、私のことを嫌いになる人もいるだろうな、がっかりする人もいるだろうなと思いながらも、「わたしは本当はこういう人間なのです」と自分を出していったんです。そうしたら思いの外、愛着を持って観てくださる方が増えて。そこからファンの方とも絆がさらに深まりましたし、役作りの時も、カッコ良いだけではない人間味の部分を表現したいとだんだん思うように変わりましたね。

――退団されてからならまだしも、在籍中に変化を起こすというのはかなりの挑戦だと受け取りました。

柚希　そうなんです。男役とは何か。座り方はこうだ、飲み方はこうだ、と学んできたことを全部なくしていこうとした後半でしたから。在団中に行動するには、すごく勇気のいることでした。（宝塚歌劇団にて初演、以降代表する演目となった、伝統ある）『ベルサイユのばら』をストレート・プレイのように演ってみたりもしました。オスカル役の凰稀かなめさんも一緒になって、やってみようと思ってくれて。というのも、「なんで『セピア色の化石ともなれ』って言うんだろう」とずっと思っていたんです。その台詞1つ取っても、ストレート・プレイに落とし込んで考えていくと、「今の瞬間が化石になっても良いくらい感動したということなのだろうな」と自然に思えて。それまでは「なんでこう言うんだろう？」と思ったとしても、『ベルばら』芝居だからだよ」と言われると「そういうものなのかな？」とピンとこないままにしてしまったお芝居もありましたが、そうやって1つずつ、改めて向き合うことで、いろんなことが腑に落ちていった感じがしました。

――在団中から、常に次のステップに行かれていたんですね。

柚希 当時、自分ではそういう風には思っていなかったんですけどね。いかに自分がリラックスした状態で舞台に立てるかを追い求めていたのだと思います。

――そして2014年、〈日本武道館〉で『REON in BUDOKAN』リサイタルをおこないました。

柚希 間違いなく死ぬ前に思い出す風景ですね。みなさまがペンライトを振ってくれて。人前で発言をしたくない、答えを言わない子供だった私が、あんなに多くの方の前で大きな公演をさせていただきました。信じられない出来事です。

――その先のことはどうお考えだったのですか？

柚希 宝塚を辞めた後のことはなんにも考えていなかったです。女性になって舞台に立てる気なんてまったくしなかったので、燃え尽き症候群でした。それくらい、男性を追求してきました。コンサート後には、私の本名と、柚希礼音と、役の男がなんだか一緒のようになって。「本名の自分に戻って良いですよ」と言われても、演じていたわけじゃなく、これがしっくりした自分だったので、戻るという感覚が掴めなくて。女性になっても良いと言われてもどうしたらいいのか分からない時間が何年もありました。

高校生の時、バレエで上を目指していた時の自分にまた戻った感じで、コツコツやろうと

――退団後はまず最初にどういう一歩を？

柚希「ニューヨークで一緒にショーを作る機会があるんだけど、やってみる？」と声を掛けていただいて。ずっとアメリカにも行ってみたかったですし、「ぜひ」とやらせていただきましたが、その後もこの先、どのような道を進んだら良いのか、手探り状態は続きました。表に立つこと以外の道を考えたこともありましたし。

――そうだったのですか？　海外へ行ってみたいという想いが叶い、世界の舞台に立てるとなりこの先も「よし、どんどん行くぞ！」というお気持ちだったのかと思っておりました。

柚希まったく違いました。ますますコンプレックスを感じたんです。やっぱりアメリカは太刀打ちできない、世界は凄すぎる、と自分の実力のなさを痛感し、もう一度イチから勉強しようと思いました。高校生の時、バレエで上を目指していた時の自分にまた戻った感じで、コツコツやろうと。

――なんと。今まで大変な努力をされて作り上げてきたものがあるのに、イチからと！

柚希はい。

――でも、そこから、出演される舞台も『ＲＥＯＮ ＪＡＣＫ』も、挑戦の連続ですよね。毎作毎作。もっと安全なところでやる選択肢もある中で、果敢に挑まれていらっしゃいます。

柚希でも、安全なところなんてあったのかな？というくらい、みなさまが挑戦を提示してくださるんですよ（笑）。作品が終わるたびにゼロに戻っている感触で「またこんなに難しい作品がきてしまった」と思うんです。宝塚歌劇団の時からそうで、「どうしてあなたはこれだけの舞台をやったのに、新しい譜面がきたらこんなに歌えなくなるんだ」と歌の先生に怒られるくらい応用ができなくて。本当になんとかしないといけないんですけど。

――（笑）器用な方、なんでも華麗にこなしちゃうという印象をみなさん持たれていると思うのですが。

柚希本当にそのイメージはどこから来ているんだろう？と思うんですよ（笑）。劇団の方はもうよーく分かっていらっしゃるんですけど。宝塚歌劇団は稽古初日に台本をもらい、みんなで読むところから一斉に始まるのですが、そういう世界じゃないんだとすごく勉強になりました。台本を1週間前にもらったら、稽古初日までに、台詞をある程度覚えたり、作り込んでいかないといけないことが分かってきて。そこからしっかり荒波に揉まれました。

――本当に舞台1年生ということだったんですね？

柚希　そうです（笑）。びっくりしました。歌もお芝居も、宝塚で教わったことが始まりだったので、普通に歌う、普通にお芝居をするということが分からなくて。未だに難しく思っています。

――そして今回『マタ・ハリ』が再演されます。初演以上のものを出さないといけないというお気持ちでいらっしゃると思うのですが。

柚希　はい。6月の初日までに、なんとかするぞと今、模索している最中です。

――3年ぶりとなると、どうしてもどこかおぼろげになっている部分はないですか？

柚希　はっきり全て覚えていますが、時も経ち、自分にも色々と変化があったので、石丸幸子さんが今の私に合わせて演出してくださっているんです。だから、この3年間で変わった私なりのマタ・ハリにしないといけないなと思っています。

――ということは、今回もイチから作っていくような？

柚希　もちろん。イチから挑戦していきますよ！

『マタ・ハリ』
訳詞・翻訳・演出／石丸さち子
出演／柚希礼音 / 愛希れいか（Wキャスト）
加藤和樹 / 田代万里生（Wキャスト）
三浦涼介 / 東啓介（Wキャスト）他

6月15日～27日に〈東京建物 Brillia HALL〉、7月10日&11日〈刈谷市総合文化センター アイリス 大ホール〉、7月16日～20日〈梅田芸術劇場メインホール〉にて上演

茂木欣一

僕、たぶんね、誰よりもフィッシュマンズの曲の大ファンだと思います。メンバーじゃなかったとしても、その音楽を見つける自信がある。見つけて「すっごい音楽があるよ」と、広めたくなっちゃうと思うんだよね

撮影　久富健太郎（SPUTNIK）
文　松坂愛

茂木欣一に会ったのは、フィッシュマンズのデビュー記念日となる4月21日。デビューから30年経った今、バンドについて語る茂木の言葉は深い愛情に満ちていて、そのぬくもりある温度感がとても心地良かった。愛ある人が音を奏でるからこそ、フロントマンの佐藤伸治が亡くなって20年以上経った今もなお聴き継がれるのだろうなと思う。結成は1987年のこと。当初のメンバーは佐藤（V）、小嶋謙介（G）、茂木（D）の3人。のちに柏原 譲（B）、ハカセ（Key）が加入。レコード会社の移籍や相次ぐメンバーの脱退などを経験しながらも、バンドとして進化を遂げていく。が――1999年、佐藤が急逝。それでも1人残された茂木は、フィッシュマンズの音楽を鳴らし続ける道を選ぶ。その軌跡を辿ったのが、ドキュメンタリー映画『映画：フィッシュマンズ』。音楽で人は救われる。本作を通し強く感じたのは、彼らはその力を信じ続けさせてくれる存在だということだ。

どう考えてもこの世の中にこの音楽は響き続けた方がいい、という気持ちがずっと自分の中にはあった

——兄弟誌『バァフアウト！』のバックナンバーにはいくつかフィッシュマンズの記事が掲載されていて。

茂木 (過去の『バァフアウト！』を手に取りながら) おおー！　何年だろう？　1998年くらい？

——まさに今見ていただいているのは1998年です。

茂木 こっちはたぶん、1996年頃だ。服装で分かる。懐かしいなぁ、嬉しい。

スタッフ これは伝説の……(笑)。写真だけ撮ってもらって佐藤さんが逃げ出しちゃったという。

——実際、そう記事にも書かれていました(笑)。撮影を終えインタヴュー場へと向かう時、先陣切って急いでいた佐藤さんが途中で消えて、みんなであちこち探し回ってみたけれどいなかったと(笑)。

茂木 これまさに!?　そうそう、先陣切っていたのに消えたんだよね(笑)。撮影終わり、すごい勢いで走っていくなと思っていたんだけど。

スタッフ「寒いから上着を取ってくる」と言って、車に戻ったら「そのまま帰りたくなっちゃった」と。

茂木 めちゃくちゃな理由だけどね(笑)。いや、なかなかないよね、そんなこと。これがそうか(笑)。みんなの中では絶対的に忘れられない。まさかまさかの。25年前ですね(笑)。

——(笑)そのフィッシュマンズがデビュー30周年を迎えたタイミングで、『映画：フィッシュマンズ』が公開になります。最初に映画の制作という話題が上がったのは何年くらい前に遡りますか？

茂木 今から3年前、2018年だと思います。その夏にプロデューサーの坂井(利帆)さんから連絡がありまして。坂井さんはね、僕の妻のすごく古い友だちなんです。そう、その坂井さんがたぶん自分の家の中の整理整頓かなんか

をしていて。当時から持っていたフィッシュマンズ関連のものを見た時に、何か形に残したい、と思ったみたいで、僕のところに「フィッシュマンズのことを映画にしたい」と話にきてくれたんです。

――「映画にしたい」という話を聞いた時、率直にどんなことを思われましたか？

茂木 もちろん嬉しいんですけど、実際、どんなことになるか想像がつかなくて。同時に音楽的なことはいろんな人が語ってくれたりしている中で、実際、フィッシュマンズがどういう歴史を辿ってきたか？と、人間的に掘り出すとって、実はそんなにしてきていないのかなとも思ったんです。だから映画を通して、今もフィッシュマンズを鳴らしている意味合いにフォーカスが当たるといいなと。フィッシュマンズという音楽が、ノスタルジーとかそういうことではなくて、今現在、２０２１年にも自然と必要なものとしてやっている、というようなことになったらいいなというか。

――フィッシュマンズの音楽はずっと聴いてきたものの、年齢的にリアルタイムでライヴを観てこられたわけじゃないので、映画を通して初めて知ることがたくさんあって。曲もフィッシュマンズのこともさらに好きになるような感覚がありました。

茂木 嬉しいですね。実際、僕から聞いてみたいんですけど、90年代の古い映像とか出てくるじゃないですか？　あいうのって、すごく古いなと思う感じなんですか？

――古いというよりは新鮮だなという印象でした。表情もめちゃくちゃステキですし、かつ洋服も気になったりと、ついつい目で追いかけちゃう感じがして。あとはフィルムの質感もやっぱりいいなぁと。

茂木 へえー！　それは良かった！　僕自身も知らない映像があったりしながらも、観ているとやっぱり懐かしい！と思うんですけど、リアルタイムで観ていない方はどんな印象なんだろうと気になっていたんです。

――演奏のシーンもふんだんにある分、その映像の中に入るような、のめり込んでしまう感じもすごくして。

茂木 そうですね。ただ1人ひとりが喋っているだけではなくて。すごく音を大事にしてきたバンドなので、映像を伴ったら音の響きというのも大切なことでね。みなさんにとって新鮮に響いていれば、もう何よりです。

――最初、上演時間が約3時間と聞いた時、すごく長いんだなぁ、と感じたものの、実際の体感としては一瞬で。できればもっと浸っていたいなと思ってしまいました。

茂木 音楽の聴き方もそうだと思うんですけど、あっという間な1時間もあれば、まだ10分しか経っていないの?という感じって、人それぞれあるじゃないですか。当時からフィッシュマンズ時間というのが自分たちにはあるんですよ。1曲35分という曲もやったりしているんだけれども。だからフィッシュマンズという名前がついているもので、3時間があっという間と言ってもらえることはちょっとホッとします。

――試写会でもリラックスして観ている人が多かった印象があります。膝を抱えながらじっと観ていたり。

茂木 そういうのがいいですよね。みんながすごく自由に、それこそ野外で観たくなるような映画だなと思って。芝生の上でね。もちろん映画館で観てもらうのは嬉しいですけれども。そういう気持ちにさせるのもフィッシュマンズっぽいなというか。そんな気がしましたね。

――本作を茂木さんが観た時にまず驚いたのが、それぞれが心の内側を話してくれていたことだったと。

茂木 僕にとって、この映画の一番の驚きはそこかな。映画の制作は、2019年2月1日からスタートしたんですね。2019年というのはフィッシュマンズにとっても節目の年で。佐藤くんが亡くなってちょうど20年目で、『闘魂2019』という主催イヴェントを〈Zepp Tokyo〉でやることになっていたんです。その大事なライヴをするに当たってのミーティングをしている時に、僕がみんなに「実はドキュメントの映画を作るという話になっている」ということを伝えて。「みんなにも、1回だけでいいから、これまで自分の心の中とかにしまっていた当時のことをカメラの前で話してほしい」ということをお願いしたんです。ただ、なかなかデリケートなところもあるだろうから、それを口にするのって躊躇するだろうし、難しいかなとも思っていたんですけど。でも映画がある程度のところまで仕上がって実際に映像を初めて観た時、本当に1人ひとりがね、しっかりとカメラの前で話しづらいことも含めて語ってくれていたので、そこに僕は感動しちゃって。みんなたぶん「そんなことは誰にも言わずに生きていくわ」みたいな感じでいたと思うのね。それこそ例えばハカセ（HAKASE－SUN）は、今現在、一緒に音を出しているという中で、そんなに多くを語らずにフィッシュマンズのリハーサルになるとすっごく丁寧に準備してくれるんですよ。綿密に聴き込んで練習しているのが音や音の間で分かる。自分の中では、その姿だけで十分だなというか。これが今のハカセの答えだなというのを感じていたから、それだけでいいじゃんというところをカメラの前で当時の気分とかを語ってくれたんだな、ということにビックリしたというか。脱退したメンバーが、そのプロセスを語るのって話しにくいだろうなと思うんですけど、そのことも語ってくれたことに本当に感謝したいし。それだけでも、もう特別な映画になっているんじゃないかなという気が僕はして。そもそも映画にしてもらっていること自体がありがたいですけどね（笑）。

――映画の中で印象的だったのが、みんながみんな佐藤さんと出会った時のことを印象深く語っていらして。ハカセさんの言葉を借りるなら、それぞれが「一目惚れ」だったのかなと。

茂木　歌うべくして、生まれてきた人っているんだなというのを自分の身近で初めて感じたというか。高校時代だったり僕もいくつもバンドをやったりしてきたんですけど、こういう人っているんだと初めて目の前で見せられたんです。この人はデビューしなきゃダメじゃんと思うくらいの感じというか。僕は、佐藤くんの楽曲って、それまで聴いてきた音楽の中でも本当に完成度がズバ抜けているなとも思っていから。佐藤くんは当時、デビューするとかあまり発想になかったみたいなんですけど。だとしたら、それこそ自分がマネージャーになってもこの人をデビューさせなきゃという気持ちになるくらいに。僕はドラマーだったので佐藤くんと一緒に音楽をやるチャンスを掴んだ時点で、絶対この人と離れちゃダメだという強い気持ちがありましたね。この人と一緒にデビューしなきゃという心になったというか。それくらいの存在を感じました。佐藤くんに出会えていなかったら、自分はここまでドラムを頑張れたのかな？ということすらも思ってしまうんですよね。

――本作の予告でも、「フィッシュマンズの音楽が、佐藤くんの言葉が、メロディがすごくしっくりくる」とおっしゃられていて。それは本当に最初からずっと変わらず感じていらっしゃることですか？

茂木 そうですね。僕、たぶんね、誰よりもフィッシュマンズの曲の大ファンだと思います。もし、フィッシュマンズのメンバーじゃなかったとしても、僕はその音楽を絶対見つける自信があるというか。見つけて「すっごい音楽があるよ」と、広めたくなっちゃうと思うんだよね。それぐらい好きな音楽。メンバーとしても、いちリスナーとしても、研ぎ澄まして研ぎ澄まして、最後に残った言葉で組み立てられた佐藤くんの歌詞やメロディが本当にしっくりくる。ライヴをやっている時、俺はこのために生きているなと本当に思いますし。

――小さな世界というか、日常の些細なことを大事にしている曲が身体中に染み渡る感じがします。

茂木 まるで自分のために語っているんじゃないかという気持ちにさせる何かがあって。そう感じる人がきっと、たくさんいると思うんです。で、そこまで歌詞として落とし込むのに、相当、時間をかけて研ぎ澄ましていると思うんですよ。ただ、映画で小嶋さんも言っているんだけど、そういうプロセスというか、佐藤くんがコツコツやっている感じって誰も見ていないんですよね。スタジオでみんなといる時に、歌詞をぐしゃっとしているところなんて僕、一度も見たことがなくて。おそらく家で1人、アコースティック・ギターを持ち、ペンで紙に書きながら言葉を一番ふさわしいものにしていく作業をコツコツとやっていたんだろうなというかね。おそらく佐藤くんって、最終的に落とし込まれた言葉の前にはもっと結論めいた絵を持っていたりすると思うんですけど。それをいろんな風に解釈できるところに持っていく、という作業をすっごく大切に丁寧にやっていたんじゃないかなって。見事だなと。僕は、そういう部分が今もフィッシュマンズがこうして古い聴こえ方にならずに聴き継がれているすっごく重要な要素だと思うんです。

――自己顕示欲のような部分が削ぎ落とされているというか。それでいて吸引力がすさまじくて。

茂木 「俺はこう思っているからこうしてくれよ」というのが佐藤くんは嫌いなんですよ。「俺はこれだけやっているから、お前も頑張れ」みたいな、そういうことは一切認めないって。だから気持ちを勝手に促すようなことはしていないというか。でもだからこそ、確実に心を捉えて離さないところがあると思うんです。そこがフィッシュマンズという気がするというかね。そう、だから持っていかれるんだよな、気持ちを。

――映画の後半になると『男達の別れ』のツアーの話が出てきますが――ツアー中、相当張り詰めた何かがあったのかなと映画を通して感じて。メンバーとの会話も少なかったと。

茂木 そうですね。今思うと、そういう空気感があったのかな。確か佐藤くんは、別の部屋にいたと思います。でもそれ以外のメンバーは、楽屋でそれなりにおしゃべりはしていましたね。佐藤くんはね、静かに気持ちを高めていたのか、穏やかにしていたのか。実際、『男達の別れ』のツアーの選曲を考えると、それまでの時間は冷静にしておかないと歌い切るのが大変だったんじゃないかな。アルバム『宇宙 日本 世田谷』の曲とか、どんどんキーが上がっていって、それこそ最後のシングルの『ゆらめき IN THE AIR』も、すごくファルセットを使っているんですよ。あとは、98年のフィッシュマンズというのは、譲の脱退が決まっていた1年間でもあるから。仲間が脱退するということが常に頭の中にあっただろうし、それに対する心の揺れもあったかもしれないし、きっと、佐藤くん自身の中で、心を落ち着かせたいというのがあったと思うんですよ。佐藤くんのプライヴェートには全然僕はタッチしていないんですけども。佐藤くんにも佐藤くんのプライヴェートがあって、落ち着かない日もあったりはするだろうし、というのもあるしね。そういう音楽以外のところで色々と心を揺さぶるものもあっただろうから、音楽に集中したいということで別の部屋にいたのかなと思います。

――当時の茂木さんとしては、メンバーが脱退していくことついてはどんな心境でいたのですか……？

茂木 小嶋さんの脱退についてはは音楽の方向性が変わっちゃったというところで納得ができるんですけれども、ハカセや譲の脱退はね、僕にとっては「えー!?　何で辞めるの!?」という感じというか。フィッシュマンズって、プレイヤー的にもやりがいがあると思うんですよ。どう考えても良い曲だと思うし。そういうことを思うと――僕はですよ、辞める理由なんて見当たらなくて。ただそれぞれの生活があるし、その生活の中での会話もあるだろうから。フィッシュマンズ以外の場所でも演奏したいとか、色々と考えたりもすると思いますしね。だからみんなが辞めていった理由は、音楽的以外なところかなと思っています。それは違う世界にいきたいのかなと思って納得するしかないなと。僕自身はフィッシュマンズを辞めるなんて、今も思わないです。

――フィッシュマンズとして、1人残され、休止を余儀なくされた時も選択に迷いはなかったですか？

茂木 譲が辞めて、99年に佐藤くんと僕の2人フィッシュマンズという感じになっていたんですけど、サポート・メンバーのHONZI（Key＆Violin）と関口（〝dARTs〟道生）（G）さんもいたから、そこに新しいベーシストを入れて、新生フィッシュマンズって思っていたんですよ。でも思いもしないタイミングで佐藤くんがいなくなっちゃったので、その時は生まれて初めて迷いました、本当に。フィッシュマンズが止まっちゃったというのがあって、辞める辞めないの前に自分はこれからどうしていこうかということを考えましたよね。もう30歳を過ぎていたので、ドラマーとしてどこまでいけるかなという。で、いくつかセッションをさせてもらう中で、スカパラ（東京スカパラダイスオーケストラ）のみんなから「メンバーになってほしい」と声が掛かったんです。僕は、佐藤くんが亡くなってから2年間は自分の中で色々とやってみて結論を出そうと思っていて。1つはスカパラのみんなとめいっぱいライヴ活動をやるということ。もう1つはＭａｒｉＭａｒｉと2年間新しいバンドをやってみるということ。その中でスカパラとこれからもやっていけそうだと思って。同時に自分のドラマーとしての可能性も感じてホッとしたのもありつ。でもスカパラの活動を軌道に乗せることができるドラマーにならないと、その頃はフィッシュマンズを再開することは考えられなかったですね。そこからおかげさまでスカパラのアルバムが1位になったり、フェスティヴァルでも重要なポジションになっていって。スカパラで5年間くらいしっかりやれてきたかなと思った時に、ようやくフィッシュマンズのライヴがやりたいなと思うようになってきたんです。ちょうどその想いが募っていった頃、「フィッシュマンズのベスト盤を出さない？」という話をもらって。で、『空中 ベスト・オブ・フィッシュマンズ』と『宇宙 ベスト・オブ・フィッシュマンズ』というベスト盤の選曲をしていったんですけれども。そんな流れがあって、もう一度、フィッシュマンズという名前でライヴをしようと思えたというか。自分にはフィッシュマンズの音楽を鳴らす責任があるというか、どう考えてもこの世の中にこの音楽は響き続けた方がいい、という気持ちがずっと自分の中にはあったから。

――そうやって過去の音楽ではなく、今も鳴らし続けているからこそ、世代問わず、例えば10代、20代のフレッシュな方たちがカヴァーしたりしていて。こうして映画まで完成したり。巻き込んでいく力を今もなお強く感じます。

茂木　嬉しいことですよね。だから佐藤くんのお墓に行って毎回報告しています。「ほらね、みんな君の音楽が好きでしょ。こんなに幅広い世代の人たちに聴かれているよ」と。僕、佐藤くんの楽曲はビートルズの楽曲と肩を並べるくらい素晴らしいと思っているんですよ。だから「みんなフィッシュマンズの音楽が大好きだよね」と思うし。これからもずっと聴いてもらえる音楽だろうなと。今日も車でフィッシュマンズの曲を聴きながらきましたけど、新しい古いというものを超えているなというかね。今、コロナ禍でね、大変な日々がみんな続いていると思うんです。閉塞的な気分にもなってしまいがちだろうし。その中で食事の栄養はもちろん、心にも栄養をちゃんと取り込めるようであってほしいと思うんです。フィッシュマンズは、心に栄養を与えてくれると思います、僕は。絶対にみんなの心の助けにもなると思うから、たくさんの人に届いたらいいなと思うしね。

——これからのフィッシュマンズというと、今、どんなことを考えていますか？

茂木 どうしましょうね（笑）。ちょうど、5月にね、1996年のライヴ音源のCDが出るんです。その音源をチェックするために、何回か聴き直したりしているんですけど。改めて聴くととてつもない演奏をしているんですよね。「何だこれは？」と。カッコ良過ぎると思っちゃって（笑）。その1996年の演奏が完全にライヴァルになったなと。当時のこの集中力に勝つのは非常に難しいとは思うんだけれども。これだけのサウンドを人前で出してきたんだなと思うと、やっぱりね、ミュージシャンとして燃え上がってくるんですよね。本当にその気にさせる音楽なんです、フィッシュマンズって。だから1996年の演奏に負けない、これからのライヴ作りをしなくちゃいけないなと思っています。中途半端な気持ちでフィッシュマンズの音を鳴らしたら、それこそ佐藤くんに申し訳ないので。ということは毎回、肝に銘じてやっているんですけど。フィッシュマンズも30周年で、メンバーもみんな歳を取って、昨日、一緒に音源を聴いていた譲も、「もう52歳だよ」と言っていましたけどね。そんな僕も53歳ですけど、53歳なりの精一杯の集中力で、この輝き続ける音楽をしっかりと届けなきゃいけないと思うんだよね。今もちゃんと止めずに届けたいという気持ちが続いていますね。

『映画：フィッシュマンズ』

監督／手嶋悠貴
出演／佐藤伸治、茂木欣一、小嶋謙介、柏原 譲、HAKASE-SUN、HONZI、関口 “dARTs” 道生、木暮晋也、小宮山 聖、ZAK、原田郁子、ハナレグミ、UA、YO-KING、川﨑大助、西川一三、川村ケンスケ、こだま和文
7月9日より〈新宿バルト9〉他、全国公開

西田尚美×市川実和子

撮影　久富健太郎（SPUTNIK）　スタイリング　岡本純子
ヘア＆メイクアップ　茅根裕己（Cirque）　文　松坂 愛

（西田）カーディガン（25,000yen）／ナゴンスタンス（tel.03-6730-9191）ワンピース（48,000yen）、パンツ（34,000yen）／共に、スズキ タカユキ（tel.03-5846-9114）　※すべて税別

（市川）ブラウス（48,000yen）／タブリク（アリス デイジー ローズ　tel.03-6804-2200）　パンツ（29,000yen）／エンフォルド（tel.03-6730-9191）　※すべて税別

今もこれだとは思っていないんですけど（笑）。けど、自分の中でようやく腑に落ちたというか（市川）

なんとなく、こっちの道にきちゃったというか。だから人生って何があるか分からないなと思います（西田）

日々少なからずいろんなことが巻き起こり、胸中がざわついたりもするけれど、どう生きれば機嫌良く、気持ち良くいられるのか。そのヒントに出会えるような感覚を持てたのが、ＥＣメディア『北欧、暮らしの道具店』で配信された短編ドラマを長編映画化した『青葉家のテーブル』だ。母と息子、飲み友だちとその彼氏というユニークな青葉家の暮らしや、大人も子どももも「自分らしく」を選択しようとする姿は凝り固まった気持ちをじんわりとほぐしてくれる。本作で西田尚美が演じたのは、ドラマ版に続き主人公でシングルマザーの青葉春子。そして春子と20年来の友人であり、ちょっとした有名人の国枝知世を市川実和子が演じた。本誌撮影の日、その2人を演じた西田と市川の間に流れるのは常にポジティヴで明るい空気。会話も笑顔もたえることがなく、まさしく『青葉家のテーブル』を観た時と同じような温かさが充満していてまた心が弾んだ。

各々尊重しながら、みんながみんな受け入れている感じがいいなと思います（西田）

――配信の短編ドラマ『青葉家のテーブル』が長編映画となった本作ですが、台本を読まれた時の第一印象はいかがでしたか？

西田　自分の若かった頃のこと、80年代、90年代と生きてきた青春時代が蘇るような台本だなと思いました。「こういうことをやりたい」と友だちと話していたようなことが目に浮かぶようで。それくらい台本が面白くて、さらに相手役が実和子ちゃんだと聞いて、ますます想像できましたし、楽しみだなと思っていました。

――その中で役の軸としてはどのように考えていたのですか？

西田　私は、この映画になる前に配信ドラマでも同じ役をやらせていただいていたこともあって、役作りというのは蓄積された感じがあるんですけど、今回、こういう一面もあったんだ、という新たな発見が見えてきました。普段、仕事をバリバリやっている反面、若かりし時に様々な想いを抱いて、どこか引っ掛かりながら生きてきていたんだ、ということも分かったというか。それが可愛らしく、人間らしく、魅力的だなと思いながら読んでいました。

――市川さんは映画から新たに作品に参加されていて。演じるのは、春子の友人の国枝知世役です。20年来の友人ながら、2人の間にはどうしようもなく気まずい過去もある、という設定ですが、知世はどちらかというと、さっぱりした気質の持ち主でもあって。

市川　しばらく映像をやっていなかったんですけど、読んでいると素直に自分が演じている姿が想像できたんですよね。自分が今まで重ねてきた時間に近い感じがしたというか。言ってみればちょっと恥ずかしく、青臭い90年代のあの感じというか。普段、自分はあまり過去を振り返ることをしないんですけどね。振り返ること自体がめんどくさいなと思っちゃうので（笑）。これまでの仕事の作品とかも取っておかないし、いろんなことを本当に覚えていない方なんですけど（笑）。でも知世とは自然に噛み合ったというか、すんなりできた感覚があって。しかも、相手が尚美ちゃんだったし、実際に出会ってから20年の時間が流れているから、本当に自然だったんですよね。うん、面白かったです。

――西田さんとの共演だったからこそ、より役作りというよりは自然に知世としていられたところがあったのですね。

市川 そうですね。私はどちらかというと、役作りができなくて自分に引き寄せちゃう方なんですけど。自分でいられたというか、自分と近い感覚でいられたなと思って。

――お2人とも青春の感じが蘇るようだったとのことですが、物語にも出てくるような若気の至りと言えるような具体的なエピソードというと、どんなことがあったりしますか？

市川 きっと、何かあったんだろうね、当時は。歳を重ねるとさ、なくなっちゃうんだよね。溶けません？　恥ずかしかったこと。

西田 うーん、何かあったかな。

市川 忘れちゃうんだよね、都合良く。

西田 今思い出したけど、高校時代に友だちと手紙のやりとりが流行っていて。この前、その手紙が友だちの家から出てきたそうで、「今度あげようか」と言われたんですよ。「そんなの恥ずかしいけいらんわ」とか田舎だから方言で返して（笑）。でも「いいよ、今度会った時に持っていくよ」と、実際に持ってきてくれたんですけど。見てみると手紙の折り方とか、すごくこだわっていたなと（笑）。

市川 シャツの形とかでしょ。あと、ハートの形にしたりとか（笑）。

西田 そうそう、こういうことをやっとったと思って。内容も見せてもらったんですけど、全然中身がない手紙で（笑）。

何でこんなことを手紙にわざわざ書いて、たいそうにその彼女に渡したんだろうと思って。でも「これを読んどったら、この時の西田はこんなことを考えていたのを思い出してね。面白いね」みたいな感じで言われて（笑）。「もう、ちょっとやめて」と思ったのを今思い出しました。

市川　そうだね、そういうのはあるね。なぜか相手は大事に取っておいてくれたりするよね。

西田　取っておいてくれてた。「どうする？　いる？」と言われて。「いらんよ」と。持っておけないよ（笑）。

市川　私はどんどん捨てていくタイプというか、あまり取っておかないんですけど、昔のことを本当によく覚えている友だちがいて。一生言われていることがあるんですよ。本当に忘れてくれないから、これは向き合っていくことなんだなと思って。「そうだね」と言って、ずっと聞いています（笑）。

――（笑）相手はなぜかずっと覚えているようなことってありますよね。青葉家のような丁寧な温かみのある暮らしにすごく憧れるのですが、今、まさにより生活を見直すような時代になってきているところがあって。お2人は、暮らしの中で大事にしているのはどんなことだったりしますか？

西田　大事にしていることは1日1回は家族でご飯を食べていることでしょうか。朝昼晩でどこか。仕事で早朝から晩までいないというような時は難しいですけど、なるべく一緒にご飯は食べたいですね。あとは、家の人とはすごくお喋りをしているかもしれないですね。

――西田さんから見ると、春子と息子のリク（寄川歌太）、春子の飲み友達のめいこ（久保陽香）、その恋人で小説家のソラオ（忍成修吾）という4人で共同生活を送る青葉家はどのように映りますか？

西田　各々尊重しながら、みんながみんな受け入れている感じがすごくいいなと思います。友だちとその友だちの彼氏までが一緒に住むなんて普通だとありえないけど、でも春子は懐が深いのか、それも楽しくていいんじゃないという風に思えてしまう人で。それに微妙な年頃の息子がいて、一対一だと処理できなかったことも人がいることによって助けてもらったりしているというか。めいこちゃんやソラオさんだったり、そういう人たちが近くにいて、寄り添ってくれているから、成り立っているのかなと思うと、すごく社会と似ているなと。優しい関係だなと思います。

――市川さんは、暮らしの中で大切にしていることはどんなことだったりしますか？

市川 また考えていなかったね（笑）。うーん。何でしょうね。あります？

――あります、あります。ささいなことだと、絶対に湯船に浸かるとか。

市川 あー、分かる！ それは本当に。分かる、分かる。つくづく本当に毎日お風呂に入れて良かった、ありがたいなと思うんですよ。それは毎日、考えているかもしれないです。だから、お風呂に入る時間ということでいいですかね（笑）。

西田 ちょっと（笑）。ネタ泥棒（笑）。

――（笑）知世は少し離れたところから青葉家を見ているところがありますけど、市川さんから見た青葉家についても伺いたくて。

市川 本当いいですよね。うらやましい。大人になったらきっと、あんな風に暮らすことって、周りの人とかもきっと「無理だよ」みたいなことを言うと思うんです。「シェアなんて」とか。だからああいう風に自然に集まれて、うらやましいなということを思いながら観ていました。本当に理想ですよね。

――映画『青葉家のテーブル』は、ドラマ版よりさらに大人と子どもが混じり合った群像劇になっていて。時間が掛かっても、生きているうちに自分にとって何か大事な1つが見つかるということってステキだなと感じました。お2人が本当にこれをやっていきたい、と思えた瞬間というのはいつだったりしますか？

市川　最近です、本当に（笑）。またモデルをやりたいなと思って、5年間映像の仕事を休んでいたんです。で、モデルをやっていた時に、インタヴューをされる機会があって、「市川さん、モデルさんをやっている時はどういうことを考えているんですか？」と聞かれて。「あまり何も考えていないです」と答えたら、そのインタヴュアーの方が「じゃあ、天職なんですね」と言ってくださって、その時にすとんと腑に落ちたんです。そっか、私、モデルをやりたかったんだなと思って。というのが割とここ数年のことで、モデルを続けていきたいなと素直に思えるようになりました。今までは流れる小枝のようだったんですけど、ずっと。

――ここに向かっていく、というより流れるままに。

市川　そうそう。今もこれだとは思っていないんですけど（笑）。けど、自分の中でようやく腑に落ちたというか。そっか、モデルをやりたいと思ったし、やっていていいんだなと思えたというか。それは今まではなかった気持ちですね。

西田　私もずっと、若い頃は何も決められなくて。自分が何をやりたいのかも分からず、すごく模索していました。高校生の時に「大学に行きたい」という考えを親に言ったら、「大学なんて行かなくていいよ。私たちと同じように公務員になればいいんだよ」みたいな感じで言われたんです。じゃあ、選択授業は就職コースにいけばいいのかと思って、そのままラクな方に進んでしまって。でも、途中、高校2年生くらいになるとすごく後悔し出して、そこから親に何回も交渉するんですけど、その度に反対されてしまっていたんですね。それでも自分の中では、なんか違う気がする、何でそんなことまで自分で決められないんだろうと思っていたんです。それで、勝手に大阪や神戸とか言っている場合じゃないなと思って、行くんだったら、絶対東京！って、もう、ぴーんときちゃって、東京の学校の資料を集めて。それを親に見せたら、またすごく怒られちゃったんです（笑）。猛反対を受けたんですけど、「私の人生だから、私に決めさせて」というようなことを言ったら、祖母が「もういい加減に許してあげなさい」と仲裁してくれて。それで東京に行けることになったんですけど、でも、ただ東京に行きたいという気持ちだけで東京に出てきちゃったので、ずっと、モヤモヤしているというか。東京にきちゃったけど、一体自分は何がやりたいんだろうって。本当にこの映画の中の子たちの感じと一緒だったんです。学生時代に就職も決まったけど、結局はそれもやらず、アルバイトみたいな感じでモデルをやっていて、なんとなく、そのままこっちの道にきちゃったというか。だから人生って何があるか分からないなと思います。最初はお洋服を買いたくて、お金がほしくてモデルをやっていたぐらいですから（笑）。

――お2人のお言葉を聞くと、若いうちに何か1つを見つけなくてもいいんだなというのを感じます。

西田　私も楽しいと思えるようになったのは、本当に最近のことかもしれないですね。映画とか演じるお仕事をいただけるようになってから、初めて面白いと思ったので。自分が関わった作品で、こんなに人が笑ったり、何かを感じ取ってくれたり、いろんな想いをしてくれるんだなって。映画館って静かながらも客席の中で、なんとなく共有しているような空気感あるじゃないですか。あの感覚が自分の中で忘れられなくて。だから、また映画やりたいと思って、それでずっと続けてきているような感じがしますね。

『青葉家のテーブル』
監督／松本壮史
出演／西田尚美、市川実和子、栗林藍希、寄川歌太、忍成修吾、久保陽香、上原実矩、細田佳央太、鎌田らい樹、大友一生、芦川 誠、中野周平（蛙亭）、片桐 仁、他
6月18日より〈TOHO シネマズ 日比谷〉他、全国順次公開

高岡早紀

「何か楽しいことがないかな？」って、楽しみをずっと探し続けているんです

撮影　Allan Abani　スタイリング　寳田マリ
ヘア&メイクアップ　千吉良恵子（cheek one）　文　多田メラニー
衣装協力　MSGM（アオイ　tel.03-3239-0341）

人間の根本的な感情である「愛」を追い求める姿は美しく、一歩間違えれば恐怖でもあり、痛みを伴う。高岡早紀が主人公・リカを演じ、この度ドラマ・シリーズから映画化された『リカ ~自称28歳の純愛モンスター~』は、とても学びの多い作品だ。年齢や経歴を詐称し、白馬に乗った王子様を探し続けるリカは、温かな家庭環境や人との心理的な結び付きに強く憧れる少女のような女性。運命の人を手に入れるためならばと常軌を逸した行動を繰り返すが、すべては愛ゆえ。正当化するつもりはないが、ただ、観るほどにリカが狂っているのか、悪と決めつける我々が間違っているのか、答えは見つからない。1つ言えるのは高岡が命を吹き込んだことで、リカはあどけない愛らしさをたたえ、多面的な魅力を放っているということ。恐怖の裏に隠されたなんとも憎めない誠実なリカの愛を、劇場でしかと受け取ってほしい。

年齢を重ねていくと、ピュアさって知らないうちに失われてしまうもの。だからリカを見ていると、そこはハッとさせられる部分かもしれないです

――ドラマ・シリーズを経て映画は色々な意味でスケール・アップしていましたね。さらにリカが超人化されていたと言いますか、ついに壁まで登るようになったのか！と（笑）。

高岡 本当に（笑）。今回は映画になるということで、エンターテインメントに徹する形でスタートしましたから、飛んだり壁に登ったり、アクション・シーンもたくさんあって。もちろん私も、最初に台本を読んだ時は理解ができなくて、何がどうなっちゃったのか全然分からなかったんです（笑）。でもリカは、人間とかを超越した存在なんだと。ドラマ・シリーズが始まった当初は、当たり前にリカは人間だと思っていましたが、こうなってきたらもう、リカというのは人間を超越した、〝リカ〟という存在なんだなと認識も変わりました。実際、今回の映画にチャレンジしてみて、エンターテインメントに徹することは大事なことだなと感じましたし、「こういうのもありだよね」と、私自身とても楽しみながら撮影していました。これまでドラマをご覧になっていた方々にも驚いてもらえるような、エンタメ作品になっていると思います。

――『リカ』シリーズで新たな発見だったのが、これまでのリカは基本的に感情を露わにすることが少ないように感じていたのですが――愛していた人に裏切られたり邪魔者が現れた時の憎しみや怒りは、どちらかというと目元や声色に感情を滲ませていて――今回、リカが大泣きするシーンがありますよね。物を取り上げられた子供のように泣きわめく姿が非常に新鮮でしたし、初めてのことじゃないかな？と。

高岡 確かに今までは、あそこまで感情を露わにして泣くことはなかったですよね。これまでに色々な……まぁ

一方的にリカが運命の人だと決めつけて周りを巻き込み、恋愛をしている気持ちになってはいたのだけれど、自称永遠の28歳ではありながら、年齢や経験を重ねてきたからこその「絶対に今度こそは」という気持ちがますます強まっていて、幸せの象徴のような理想の家庭像を、人形の家で作り出してしまったり。今まで以上に「望んでいたものが手に入るだろう」と信じていたからこそ、あそこまで感情を爆発させてしまったのかな。考え方の部分ではこれまでも出していましたけど、あまり見えることのなかった少女のようなリカの心の中は、初めて解放されたのかもしれません。

――強烈な行動につい目が行きがちですけど、ただただピュアな心のままであり続ける姿は、これまでの作品から一貫して描かれていますよね。リカは自分が思う自分自身と人が感じる印象だと、かなりギャップがある人なので、知れば知るほど実はシンプルで愛らしい人なのだなと感じます。

高岡 年齢を重ねていくと、ピュアさって知らないうちに失われてしまうじゃないですか。だからリカを見ていると、そこはハッとさせられる部分かもしれないです。そういったところもまた、女性たちに特に共感してもらえる部分なのかなと思いますし。

――「必要なのは愛、それだけ」というセリフもありましたが、誰よりも人の温もりや愛を求め、ピュアゆえにその方法を間違えてしまい、狂っていくリカの愛憎。表面的な恐怖だけでなく、そこに至るまでのリカの心情や背景が滲んで見えたので、胸が苦しくなる思いで観ていました。高岡さんが表現される上では、例えば他の人にはあまり見せることのないご自身の中にある感情と向き合われる時間はあったのでしょうか？

高岡 リカはかなり強烈な役柄ですが、『リカ』というタイトルなだけあって、彼女のすべてがそこに詰まっているんです。なので、変にどこかから感情を持ってくるとかではなく自然に向き合った結果といいますか。こうしてリカを長く演じていると、そんなに複雑な感情を持ち合わせている人間じゃないし、すべてに対して本当に素直なんだと分かってくるんですよね。実はあまり間違ったことも言っていないし。愛情からくる憎しみも、自分が何かに対してものすごく愛を持ち過ぎてしまっているからこそ、「邪魔者を排除してやる！」みたいな気持ちになるわけで。彼女は本当に、ただ愛しか求めていない人ですよね。

――警視庁捜査一課の刑事・奥山（市原隼人）や孝子（内田理央）も、リカの捜査に傾倒していく内に、洗脳じゃないですが、少しずつ彼女に感化されているような部分もありました。

高岡 そうなんです。最終的には、みんな何かに頼って生きているんじゃないのかな？というのが分かりますよね。孝子も最初は全然理解していなかったけれども、リカと関わったことで何が一番大事だったのか気が付きますし。

ごく普通に毎日を生きることから人間のベースとなるものが作られるし、自分の人生を豊かにするのだろうなと思います

――人の心の隙にふっと入り込むのが、リカはまた上手ですからね。ちなみに高岡さんは、人や物から影響を受けたりインスピレーションを得ることはありますか？

高岡 なんでしょう、これといって特に意識して考えたことはないですが……強いて言うなら、毎日をぼーっと生きないということかな（笑）。例えばお花を育てるとか、ごく普通に毎日を生きることから人間のベースとなるものが作られるし、自分の人生を豊かにするのだろうなと思います。常に何かを見逃さない、というのも大切にしていることです。子供との会話や犬との散歩だったり、1つひとつのことをすべて自分の中に取り入れていくというか。特別に何かが起こらなくてもいいの。意外とね、普通に生活することから得るものが一番大きかったりするんです。それしかないかな。すべて私が好きなものだから、多ければ多いほど楽しいし、やることがいっぱいあればあるほど、豊かな気持ちでいられるので。私、性格的に毎日の生活を適当にすることができないんです。色々がちゃんとしていないと嫌なの（笑）。食事1つをとってみても、「今日のご飯はこれね」って一品だけ出すんじゃなくて、ちゃんと副菜や何品か用意したい。もちろんたまにならいいし、どうしてもアイデアが浮かばないとか、本当に料理するのが嫌だなとなったら、ピザを頼むということもありですけど。どんなに疲れていても、お惣菜を買ってきたとしたら絶対にお皿に入れ替えたいし、缶ビールもお外だったらそのまま飲みますが、せっかく家にいるんだったらグラスに入れた方がいいんじゃない？とかね。

――背筋が伸びる思いです（笑）。高岡さんが映画『モンスター』を主演された際のインタヴューで、「基本的に好奇心が旺盛で、特定のカテゴリーに入れられるのが嫌な性格」というお話があり、これは高岡さんの人生の哲学でもあるのかな？と感じていたのですが、そういった日々の積み重ねからも、常に楽しさを見出されていたのだなと納得しました。見逃さないことが、また別の新しい発見にもつながっていくのでしょうね。

高岡　好奇心旺盛という性格にプラスして飽きっぽさもあるので、停滞するのが嫌なんです（笑）。常に新しいことや目標などに向かって、ゆっくりでもいいから、ちょっとずつ進んでいけたらいいなという考え方はずっと変わらずにあります。

――ちょうど『モンスター』の主題歌を歌われた頃から歌手活動を再開されて、2019年には歌手デビュー30周年を迎えられました。今年の3月、4月には〈ビルボードライヴ〉でのステージにも立たれましたが、音楽や歌というのは、高岡さんにとってお仕事とはまた別の感覚なのでしょうか？　「自由に楽しく生きるツール」と表現されていたのが印象的だったので、心が勝手に動き出すような瞬間を味わえる存在なのかなと。

高岡　ライヴも好きなんですが、歌うこと自体がとても楽しいですし喜びを感じられるんですよね。音楽への興味は尽きることがないので、これからも続けていきたいなと思いますし。それにライヴをすることで今まではできなかったファンの皆さんとの触れ合いが広がったのも、すごく自分の中では発見がありました。みんなそうだと思うんですけど、「何か楽しいことがないかな？」って、楽しみをずっと探し続けているんです。

©2021 映画『リカ 〜自称28歳の純愛モンスター〜』製作委員会

『リカ 〜自称28歳の純愛モンスター〜』
監督／松木 創
原作／『リカ』『リターン』五十嵐貴久〈幻冬舎文庫〉
出演／高岡早紀、市原隼人、内田理央、水橋研二、岡田龍太郎、山本直寛、尾美としのり、マギー、佐々木 希
6月18日より〈TOHO シネマズ 日比谷〉他、全国公開

秋山竜次（ロバート）

撮影　Takanori Okuwaki（UM）　スタイリング　古沢愛
ヘア&メイクアップ　伊藤有香　文　松坂愛

発想のもとも何もなく、その場の勢いで（笑）。場が用意されているから、強引に形にしていく感じ。勢いでいった方が面白かったりするんですよね肩を震わせてしまうような笑いの連鎖が止まらない――秋山竜次（ロバート）が様々なクリエイターに扮し、仕事ぶりや人生について語る「クリエイターズ・ファイル」のことだ。２０１５年より紙媒体で連載を開始して以降、出で立ちから表情、話し方など細部まで「いそう！」と思わせる70人以上もの（現段階）人気クリエイターを輩出。連載と同時スタートした配信動画の『ＹｏｕＴｕｂｅ』のチャンネル登録者数は60万人近くにものぼり、大型展覧会の実施や単行本の発売など今もなお話題が尽きない。その次なる展開として全世界（！）へ。〈Ｎｅｔｆｌｉｘ〉オリジナル・シリーズ『クリエイターズ・ファイル ＧＯＬＤ』として、秋山が生み出したクリエイターたちと多数の豪華ゲストが共演を果たす。シュールな世界観と先が読めない展開に何度吹き出してしまったことか。カメラを向けるとふいに面白い仕草をしたりと、とてもチャーミングな秋山に本作について話を訊いた。

刺激を受けるものは――ちょっと辛めのシャバシャバ系のカレーですかね

――少し遡りつつお話を伺いたいなと思うんですけど、「クリエイターズ・ファイル」がスタートしたのは2015年のことで。どんどん世に広まっている現状を秋山さんご自身はどのように捉えていらっしゃるのかなと。

秋山 本当にじわじわな感じですね。最初の1年くらいは正直、そんなに気づかれていなかったというか。月1回なので12本分ぐらいは「あれ見たよ」という声がなかったので、途中からなんですよね。きっかけとなったのは、トータル・ウェディング・プロデューサーの揚 江美子というキャラクターで。「秋山に似たおばさまがいるぞ」みたいなところから広がりましたね。それで芸能界からも、突然、「あれ、見ているよ」と言われたり。誰かがSNSにあげてくれたのが拡散されたり、ニュースになったりとか。そんなのが始まりなので、本当に勝手に広めてもらった感じがします。そこでちょっと広がって、今度は出版記念イヴェントをやったり、展覧会をやったりして。6年間、色々とやってきたのですごく感慨深いです。現段階で70人以上のキャラクターがいて、それぞれ思い入れもあるし。1回しかやっていないけど、パンチがあったキャラもいるし。『クリエイターズ・ファイル GOLD』以前からの続いてきた話を全部いうと、何時間でも話せますね（笑）。それくらいエピソードとしては尋常じゃない量があって、『GOLD』でやっているのはその中の一部のキャラクターなんですよね。

――紙媒体の連載から始まった企画でもあって。

秋山 そうそう。あくまで紙媒体のコンテンツではありました。今ももちろんそうなんですけど、紙媒体を基準にやっていたからこそ広がったものだと思います。何て言うか、"○○ごっこ"なんですよね。数枚の写真でこの世界観を伝えなくちゃいけないですし、いかに扮したその人が言いそうな感じでインタヴューに答えるかみたいなところもあって。

それを動画を回して公開し続けたらいつの間にか見てもらえるようになりました。

――そこから今回、『クリエイターズ・ファイル GOLD』で世界進出という。

秋山 世界進出するなんて1ミリも思っていなかったです。それは今もですよ（笑）。正直、そこはお任せします、という感じで（笑）。世界進出用のボケなんてないですから。笑いの部分に関しては完全にゴリゴリの通常営業なので。でも『GOLD』だからこそ、一流な方と交わることができましたし、その時に起こった笑いがあったりするんですけど。世界進出と言われると逆に心配です（笑）。190カ国の方のツボに合うのかという。日本でも合う合わないがあるから、世界だと「全然、意味分からん」となる人がいっぱいいるんじゃないですか（笑）。

――根本的なお話なのですが、70人以上のキャラクターの発想のもとはどういうところからなんだろう？と。

秋山 発想のもとも何もなく、「そういう系のやつをやってみましょうかね」と言ってその場の勢いで（笑）。最初の10人、20人の時は、もちろん王道な人、ファッション・デザイナーやモデルとか、クリエイティヴな感じの仕事をしている人とか、参考になる方がいるじゃないですか。自分がでっけえ帽子をかぶってサングラスをしたら意外と似合いそうだなとか、そんなところからだったんですけど。ある程度回数を経たら、もう現場に行って決めるしかないみたいな感じになってきましたかね。カツラと衣装と場所を発注して写真家さんにきてもらって、あとは扮装してみてから考える。これだけ今日、呼んじゃっているから、もうやるしかない、みたいな。もう場が用意されているから、強引に形にしていく感じ（笑）。そうやっていくパターンが多いんですよ。でも勢いでいった方が面白かったりするんですよね。

――勢いとは思えないほど、あるあるというか、本当に「いそう」と感じさせるのがすごいことだなと。

秋山 「いそう」となるのがやっぱり大事で、そこは答えが出るまでずっとやっていますね。髪のニュアンスから服もそうですし、顔つきや口調とか、「この髭は1個ちょっと余計かな？」とか。とにかく、1枚の写真にかけるために時間を費やしていて、その部分は徹底してこだわっています。あとは、名前がかなり大事じゃないですかね。名前によって「違うな」となるんですよ。「こいつは津山紀文でしかない」とか。それが山田雅紀だとしっくりこないんですよ。そのチョイスがマジで大事なんですよね。YOKO FUCHIGAMIも、KIMIKO OSADAじゃないでしょ。絶対、YOKO FUCHIGAMIなんですよね。

――表情や仕草とか「いそう」と思わせる特徴を絶妙に掴むところは、遡るといつ養われてきたものですか？

秋山 それは子どもの頃からですかね。幼少期というか、小学校くらいから。こういう喋り方をする人がいるなとか、文化系の奴の口調って決まってくるなとか。友だちのお父さん、お母さんの喋り方のチョイスとか歩き方とかもすごく見ていたし。小学校の時の先生だったら、「あの先生って、ずっと口を少し動かしていない？　空気のガムを噛んでんじゃねえか」みたいなことを言ったりとか。気にならない人のことは1ミリも入ってこないんですけど、ちょっと特徴がある人のことはそんな風に何か言っていましたね。あと、人のジーパンもよく見ていたな（笑）。あの人のズボン、パンパンだよなとか（笑）。

――鋭い観察眼を持つ小学生だったんですね（笑）。日常の中でも観察することは癖づいていますか？

秋山 そうですね。見ようとしていたわけじゃないんですよ。勝手に見ちゃいますね。嫁がですね、どこかに行ったら「こういう人がいたんだよ」とよく言うんですよ。その段階で何となく想像して、「その人ってさ、こういう感じだった？」と何となくの顔つきや髪型、髪質とかを言うと、結構当たるんですよね。1つひとつ何かが引っ掛かって、知らぬ間に人のことをめちゃくちゃ見ているんでしょうね。努力して見ているんじゃなくて、気になって残像が流れないというか。今日も何人かの写真家さんに撮影してもらいましたけど、それぞれまったく違いましたから。服の選び方もそうですし。ピシッとベストを着ている人もいれば、めちゃくちゃオシャレな人もいて。1つの仕事なのにいろんなタイプの人がいて、そこももう僕のレーダーに入っちゃいますよね。

――『クリエイターズ・ファイル　GOLD』では、豪華なゲストの方たちが出演されていて。「台本はあるようでないようなもの」ということなのですが、ゲストの方たちとどう掛け合いをしていったのだろう？と思って。

秋山　台本は本当にあるような、ないようなものですね。「こういう状況で、あなたはそこにいます」ということだけあって、あとはもう何もないですね。セリフなんて今まで6年間あったことがなくて。要所要所で「これを言っていただきたい」ということがあれば現場で言うくらいで。それに「これを頭に入れてきていただきたい」というお願いをする感じの現場でもなくて。安達祐実さんや横浜流星さんをゲストに迎えた回にしても、僕が適当にフリーに言ったものに全部合わせてもらったりしていて。本当にやりながら決めているので。要所要所で「あれ？　やっぱりこれは流れが悪いな」みたいなことが分かるんじゃないかなと思います。

――7話でオダギリ ジョーさんが童謡詩人・石丸ツワノの詩に触れていくというのも絶妙な空気感があって。

秋山　オダギリさんなんか、もう完全にそうですよ。「展示会にきていただいて、リアクションしてください」という感じなので。あんな中身のない石丸ツワノの世界観のポエムをその場で見ながら、いつも通りのオダギリさんでリアクションしてくれているから。それが面白くて（笑）。

――オダギリさんが朗読すると、すごく深い詩のようにも感じられて（笑）。

秋山　まさに狙い通りですね。オダギリさんがまったく中身のない、あのポエムをちゃんとあの世界観で受け止めてくれたらなと思っていたので。何があろうとポーカーフェイスであるかのように接してくれたので、面白かったし。やっぱりみなさんすごいなと思いました。かなり助けられましたね。

――4話の透明過ぎて目視できない藤原 采としては、永野芽郁さんと女子旅に行かれていて。ヴィジュアルが変幻自在というか、不思議なんですけど、そこにもまたリアルさがありました。

秋山　ありがたいです。永野芽郁さんとの回は特にヴィジュアル面で不安があったので（笑）。正統派の美少女という設定なので、永野さんとツーショットで並んでしまうとヒゲも目立つし。ただただおっさんだったんですけど（笑）。テンションだけは永野さんについていきましたけどね。女子トークになっていましたもんね、ちゃんと。僕が適当にポンと言って始まった会話をしばらく続けていくので。「すげぇ！」と思っていましたね。

――私、伝説のホテルマンの折尾（豊）さんの走る姿が本当に大好きで、もうずっと見ていたくなりました（笑）。

秋山　あれは折尾さんの大事なところですよね。「ＮＯ」とは言えない系の忙しい感じの人って、過剰に走ったりするんですよ。学園祭の実行委員でありがちな。そんなに急がなくても大丈夫だろうと思うんですけど、急ぐことも含めてやりたいんですよね。トランシーバー、使う必要なくない？みたいな（笑）。そういう見方をしているから、本当に性格が悪いですね、という話なんですけど（笑）。だから急いでいる部分を見てもらうのは嬉しいですね。靴まで脱げちゃってね（笑）。

――なぜか過剰に靴が脱げるんですよね（笑）。

秋山　でも大したことはしていないんですよね。何かいません？　そんなに大したことないのに、何でそんなに大掛かりな感じになっているの？みたいな（笑）。「やべぇ、これ、大問題」と言っているけど、実際は全然、何も大したことないですから。折尾はそういうタイプかなと思って。

――その回のゲストが横浜流星さんで。折尾さんの姿に笑いを堪えている場面があったりして。

秋山　そうですね（笑）。途中、僕がホテルの方をバシンと叩くところがあったんですけど、そこで笑っちゃったり。横浜さんも何箇所か普通にニタニタしているところがあって。そういうところを探すと面白いですよね。

――秋山さんはドラマでお芝居もされていますが、それとはまた全然違うものなのですか？

秋山 まったく別ですね。これは責任がないというか。ドラマだと人が考えたセリフを言わなくちゃいけないとか、流れが決まっているんですけど。これに関しては流れが決まっていないので、その場で何を言ってもいいんですよね。それに一言一句間違えたところで、正解なんかないので。喋るだけ喋って、完全に向こうに振ってやっているので、本当に無責任なんですよ。YOKO FUCHIGAMIの回でも、でたらめなファッション情報をただただ言い続けているのを合わせてもらっているだけなので、相手はものすごく負担だと思いますよ、本当に。

――本作でもそうですし、秋山さんに笑いだったりたくさん刺激をもらっていますが――秋山さんご自身は例えば、映画や音楽、人物とか、何に刺激を受けていらっしゃるのですか？

秋山 刺激を受けるものは――カレーですかね。

――カレーですか（笑）!?

秋山 （笑）ちょっと辛めのシャバシャバ系のカレーですかね。あまり人の作品を観ないんですよね。映画も『ランボー』とか『タイタニック』とかしかちゃんと観たことがなくて。あと、漫画も『つるピカハゲ丸くん』しか読んだことがないですし（笑）。

――（笑）だからこそ秋山さんにとっての刺激を受けるものと言えばカレーという。

秋山 実際、本当に胃袋への刺激ですからね。香辛料ですし。こんな話で大丈夫ですか（笑）？ めちゃくちゃオシャレな写真を撮ってもらっておいて。モノクロの写真の後につける話じゃないですよ（笑）。

『クリエイターズ・ファイル GOLD』
企画／秋山竜次（ロバート）
出演／秋山竜次（ロバート）、横浜流星、安達祐実、冨永 愛、永野芽郁、八代亜紀、きゃりー ぱみゅぱみゅ、中尾 彬、池波志乃、オダギリ ジョー、他
〈Netflix〉にて全世界独占配信中

21

名球会、伝説の名選手たちの肖像

東尾 修

対話&撮影　山崎二郎　文　吉里 爽　編集協力　菊地伸明（未来サポート）

投手は200勝または250セーブ、打者は2000安打を記録した名選手が集う名球会。一握りのトップ・プレイヤーへのインタヴュー連載が実現。今回は1969年に西鉄ライオンズ(現・埼玉西武ライオンズ)に入団以来、20年の現役生活で、通算697試合登板、251勝、防御率3.50を記録した東尾 修投手にご登場いただいた。

「ジャイアンツに勝てば、真の日本一になったという達成感が得られるんじゃないか」と感じていました

山崎　一番思い出に残っているベスト・シーズンはいつでしたか？

東尾　やっぱり、初めて日本一になった１９８２（昭和57）年ですね。

山崎　その年の中日ドラゴンズとの日本シリーズでは、リリーフでのフル回転登板が印象に残っています。

東尾　４回くらいからのロング・リリーフが多かったですね。先発もやりましたし、森 祇晶監督の時にはストッパー的な起用もされましたし、シリーズではいろんな形で投げましたよね。

山崎　普段、先発で投げている中でのリリーフ起用は、対応の難しさはなかったですか？

東尾　ある程度は経験値がありますから、こういう場面で出番が来ると分かっていればリリーフは難しくはなかったです。

山崎　１９８７（昭和62）年、読売ジャイアンツとの日本シリーズでは、第１戦に先発して交代を打診された際、「相手のデータを集めるためにも、もう少し投げたい」と申し出た、と伝えられていますが……。

東尾　いえ、全然、事実と違います（笑）。必死に投げた結果がたまたま他のピッチャーの参考になったかもしれないけど、日本シリーズ初登板の試合で「データ収集しよう」みたいな余裕はゼロですよ（笑）。

山崎　弱かった時代の西鉄ライオンズからキャリアをスタートされ、西武ライオンズになってからは、廣岡達朗監督の就任後、遂に達成した１９８２年の日本一というのは、やはり格別な感慨があったのでしょうか？

東尾　僕だけでなく、同年代の田淵幸一さん、大田卓司さんにしても、「とにかく優勝したい」という気持ちが強かったですから。日本シリーズに出るまではいろいろありましたけど、いざシリーズとなれば、初優勝に飢えているメンバーが多かったんでね。あの時の日本一は、そういう気持ちが爆発した結果じゃないですかね。「ふだんは先

発の東尾をリリーフで起用する」と廣岡監督が決めれば、意気に感じて投げましたね。

山崎 1983（昭和58）年のジャイアンツとの日本シリーズでも活躍され、2年連続の胴上げ投手となりました。

東尾 中日に勝って日本一になりましたけど、当時の廣岡監督も「球界の盟主、ジャイアンツに勝ちたい」と思っていましたし、我々選手も「ジャイアンツに勝てば、真の日本一になったという達成感が得られるんじゃないか？」と感じていました。だからこそ、初優勝とは違った意味の嬉しさがあったし。

山崎 やはり「ジャイアンツに勝ってこそ、真の日本一」という気持ちがチーム内にあったんですね。第5戦で決勝ホームランを打たれた原 辰徳選手に対して、第7戦では厳しい攻めを見せました。インハイの見せ球から一転して、アウトローのスライダーで打ち取り、芸術的な配球が語り草になりました。

東尾 本当のところは、2アウト満塁、カウント2‐2からインサイドに投げたシュートは投げそこないでした。デッドボールなら押し出しで1点が入っていましたから、正直ホッとしましたね。

山崎 そうだったんですか！ 真実が今、語られました（笑）。

東尾 データを取るためにわざと打たせるとか、2アウト満塁の場面で意図的にデッドボールギリギリのコースを攻めるとか、日本シリーズではなかなかできないですよ。結局「相手が分かっていてもいいから、自分の得意球で勝負しよう。その方が悔いが残らない」とスライダーを投げましたけど、コースは甘かったよね。

山崎 冷静に考えれば、勝負が決しようかという2アウト満塁の場面で、あまりにリスキーな配球は考えづらいですよね。ただ、東尾投手の投球術があればこそ、あれこれ伝説が生まれたのかと。

東尾 日本シリーズは特別な試合なので、「投球術を発揮する」というのはなかなか難しいですよ。あの緊迫した場面では身に付いた技術は出せても、（リスクが伴うような）「術」まで使えるかなと言うと微妙かなと。

山崎 場数を踏んできた猛者ならではのメンタルが、日本シリーズの修羅場で活きたということはありますか?

東尾 まぁ、それはあるでしょうね。たくさん勝って、たくさん負けてきましたから。

空振りが取れるストレートがなかっただけに、できる限りの工夫をしてバッターを打ち取るのが自分のピッチング・スタイルなのかなと

山崎 20年間の現役生活、引退のギリギリまで一線で活躍されました。現役を長くやれた秘訣は何だと思いますか?

東尾 一言で言うなら、「身体の柔軟性」じゃないですか。たくさん投げられた、練習できたというのは、身体の柔軟性があればこそですから。通算投球回数の4,086を達成できたのは、身体の柔らかさのお陰かと。

山崎 柔軟性を保つために、特別な練習をされていたんでしょうか?

東尾 当時は「ストレッチ」じゃなく、「柔軟体操」の時代ですから。生まれつきの柔らかさもあるだろうけど、当たり前のことを当たり前にやっていただけでね。

山崎 プロ入り2年目は、「黒い霧事件」の余波もあり、一軍のピッチャーの頭数が足りず、一挙に登板機会が増えました。特筆されるのは、2年目でいきなり11勝(18敗)を挙げた後は、3年目が8勝16敗、4年目が18勝25敗と着実にステップアップしていますよね。

東尾 自分のスタイルも確立されていない中、2年目にたくさん投げさせてもらって、たくさん負けて、嫌でもピッチングを考えるようになったというか。中途半端な成績なら進歩が遅くなったかもしれないけど、負けまくったことで、自分のピッチング・スタイルを突き詰めて考えるようになったね。

山崎　投球術、打者との駆け引きも、実践で会得したんですね。

東尾　二軍でなく、一軍で場数を踏めたのが良かったのかなと思いますね。そのうち、配球やら駆け引きについて、同年代のキャッチャーやスコアラーとも話し合うようになったり。1つ例を挙げると、当時珍しかったインスラは、阪急ブレーブスのスラッガー・長池徳士さん対策で投げ始めました。僕のストレートでは空振り三振は取れない。打ち取るなら、内野フライか、内野ゴロか、見送り三振かしかないから。「見送り三振を狙うなら、どうするか？」というテーマから生まれたのがインスラだったんです。

山崎　当時、右打者のインコースのボール・ゾーンからストライク・ゾーンに曲がるスライダーなんて、誰も見たことがない、初めて見る軌道だったのかなと。当時の球種は、カーブ、シュート、スライダーという感じでしたか？

東尾　そうですね。3年目はそういうコンビネーションだったかと思いますね。

山崎　今のメジャーリーグで主流になっているような、「バットの芯をちょっと外して打たせて取る」というスタイルを当時から実践していたんですか？

東尾　僕の場合、ストレートで空振りが取れなかったから、ランナーが得点圏にいて、どうしても失点したくない時には、ボールを長く持ってタイミングを外すとか、いろんなことをしました。こういうことも、腕や身体が柔らかかったからこそできたと思うし。ちょっと余談になりますが、もう晩年になってからですけど、片方の目で（アウトローに構えた）キャッチャー・ミットを、（シュートが来るぞと思わせるために）片方の目でバッターの目を見て投げていたこともありますよ。「東尾といえばシュート」というイメージがありますから、それを利用することが大切で。セオリーとして「東尾の配球は、アウトコースが70％、インコースが30％」と相手も分かっているわけだから、結構いろんな工夫をしましたよね。日本シリーズに出られるようになってからは特にね。空振りが取れるストレートがなかっただけに、できる限りの工夫をしてバッターを打ち取るのが、自分のピッチング・スタイルなのかなと思い至った感じですね。

山崎 ただ、それも絶妙なコントロールがあればこそ、ですよね。

東尾 もちろん、そう。実は僕、嫌なんですよ、今で言う「動くボール」っていうのは。なぜなら、どっちにどう曲がるかも分からず、不確定要素が多くてコントロールしきれないのが前提だから。狙ったところに打たせるために狙ったコースに投げるのが、ピッチャーができる仕事のベストでしょう。狙ったコースに投げたボールを打たれたらバッターの勝ちであって、相手を誉めるしかないわけでね。そう思えるのは、コントロールに自信があったからかも分からないけれど。

山崎 今のお話を聞いて、廣岡監督、森監督といった名監督が日本シリーズの痺れる場面で東尾投手を起用する理由が分かりました。「東尾投手に託せば、かなりの高い確率でゲームを支配できる」という、そんな信頼があったに違いないと思います。

東尾 「(東尾に託せば)3人でピタッと抑えられなくても、たとえランナーを1人2人出したとしてもホームまでは返さない」という確率論が(監督たちの頭に)あったのかも分からないね。どんな意図で、先発、ロング・リリーフ、抑えとさまざまな起用をしたのか?(廣岡監督、森監督に)直接尋ねたことはないですけどね。

山崎 長い現役生活の中で、投げられなくなるほどの大きな故障はありましたか?

東尾 1985(昭和60)年、日本シリーズを阪神タイガースとやった時かな? シーズン後半に肩の腱を傷めてしまって、30球くらいしか全力投球できない状況になってね。とにかく、ありとあらゆる治療をして、シリーズには間に合わせましたけど。その頃から、全力投球をする割合、頻度が落ちてきたのは事実です。

山崎 ただ、その年の成績、17勝3敗ですよ！　さらにすごいのは、2年後の1987（昭和62）年に15勝しているんですよね。年俸1億円を達成したのもその年でした。

東尾 その年、17完投しているんですよ。確か、自分も含め、工藤公康、渡辺久信、郭 泰源の4人合わせて、シーズン60以上の完投を記録しているはず。37歳で17完投は誇りに思うよね。

山崎 37歳になって、できるようになったことってありますか？

東尾 肩を傷めてから力一杯投げられないから、チェンジアップ的な抜いたフォークボールを投げ始めたり。バッターが自分に抱くイメージを逆手にとって、バッターを上から目線でバッターを見下ろして、緩急を使い始めたんです。例えば、スライダーだけとっても、速いスライダー、小さく曲がるカット・ボール気味のスライダー、縦のスライダーとか、いろいろあって、それを使い分けたりね。

引退しようかというタイミングで通算190勝だったら、現役を辞めてへんよ。ライオンズを出て、「おまえ、この野郎！」と後輩たちを威嚇して投げてたかも分からん

山崎 「球団数が少ないこともあって、今よりもレヴェルが高かった」という声も多いのですが、日米野球で対戦したメジャー・リーガーの感触はどうでしたか？「時代を先取りしていた東尾投手のクレヴァーなピッチング・スタイルなら、メジャー相手にも通用したはず」と夢想してしまうんですが。

東尾 通用する云々を考える余裕はなかったね、一生懸命に投げるだけで。今みたいにテレビでメジャー・リーグが観られる時代じゃないし、グラウンドで初めて見て無心で戦ったというだけでね。「自分がアメリカに行きたい、

向こうでプレイしたい」みたいな気持ちはまったくなかったから。ただ、「ピッチャー・ライナーが来たら怖いな」とは思ったけども。

山崎 現役最後の年、1988(昭和63)年のお話をうかがいたいのですが、前年は15勝9敗と素晴らしい成績でした。謹慎明けということもあって、コンディション作りも難しかったかと思いますが。

東尾 初登板が、6月の22日？ 確か、ファームでの調整登板もなく、ぶっつけ本番だったと思う。(ブランクもあって) 感覚が掴みづらかったんじゃないかな。

山崎 とは言え、この年、わずか84球で完投勝利した試合があったくらいで、翌年も現役でやれたのでは？

東尾 うん。まだやれる自信はあったよ。辞めた一番の理由は、(精神的に) 満腹状態になったからで。200勝するまでは「名球会に入りたい」というモチヴェーションがあったけど、34歳でそれを達成してからは、「公康、ナベ(渡辺久信)、泰源たち、お前ら若いもんに負けるか」とか、「チームで日本一に」という気持ちが強くなっていったのは事実なのね。九州時代は優勝に縁遠い弱いチームにいて、給料を上げるには個人成績を上げるしかなかったから(モチヴェーションはそれだけだった)。西武になって優勝を体験するようになって初めて、「チームで勝つ喜び」に目覚めたというか。「まだ現役でやれる余力はあるけど、どうしようか？」とは思ったけれど、「プレイヤーとしてやりきった」という満腹感、達成感があって、年俸1億円も達成して、ガツガツしなくなったというか、気持ちの中でガッと燃えるものが薄らいだのは事実でね。

山崎 東尾投手なら、引く手あまたになるのも当然のなりゆきですし。堤オーナーとの最終会談で、「いずれ指導者として球団に戻って来て欲しい」と言われたのは本当ですか？

東尾 そう。それは真実。もし、引退しようかというタイミングで通算190勝だったら、現役を辞めてへんよ。

ライオンズを出て、「おまえ、この野郎！」と後輩たちを威嚇して投げてたかも分からん。

山﨑　！（笑）。当時のライオンズは１９８５年から４年連続で優勝していて、磐石の体制でした。

東尾　僕が辞めた翌年は、勝負どころでナベが近鉄バファローズの（ラルフ・）ブライアントに３連発を食らって優勝できなかったのね。内心、「ざまぁ見ろ、この野郎」と思ったのは事実です（笑）。

東尾 修（ひがしおおさむ）／和歌山県出身。１９５０（昭和25）年5月18日生まれ。和歌山県立箕島高校より、１９６８（昭和43）年にドラフト1位で西鉄ライオンズに入団。以降、太平洋クラブライオンズ、クラウンライターライオンズ、西武ライオンズと親会社の変遷をすべて経験し、低迷期から黄金期までライオンズ一筋に投げ抜いたライオンズのエース。ストライク・ゾーンの四隅を突く絶妙なコントロールと、時に際どいインコース攻めで打者をのけぞらせる配球で「ケンカ投法」と謳われた。現役生活20年の通算成績は、６９７試合に登板、投球回数４０８６、２５１勝２４７敗23セーブ、１６８４奪三振、防御率３.５０。与死球１６５は歴代最多。１９８８（昭和63）年、現役引退。野球評論家として活躍後、１９９５（平成7）年、西武ライオンズの監督に就任。7年にわたる在任期間、Ａクラスを守り通し、１９９７（平成9）年、１９９８（平成10）年にはリーグ優勝を達成。２０１０（平成22）年、野球殿堂入り。

名球会、伝説の名選手たちの肖像

門田博光

対話&撮影　山崎二郎　文　吉里爽　編集協力　菊地伸明（未来サポート）

名球会インタヴュー連載。続いて、1970年に南海ホークス（現・福岡ソフトバンクホークス）に入団。1989年、オリックスブレーブス（現・オリックスバファローズ）、1991年、福岡ダイエーホークスに移籍。23年の現役生活で、通算2566安打、567本塁打、1678打点を記録した門田博光選手にご登場いただいた。

野村監督が、「たまたま3番が空いとるから、もう何も考えんでええから、門田が3番バッターや」と。ここから始まって、あれこれ皮肉を言うわけです（苦笑）

山崎 20年に及ぶ現役生活の中で、ベスト・シーズンはいつでしたか？

門田 「この世界で、飯を食っていけるぞ」という確信が持てたという意味では、プロ入り2年目がベスト・シーズンかなと思いますね。

山崎 何と言ってもすごいのは、レギュラー初年度の2年目に打点王のタイトルを獲得されたこと！

門田 あれはもう、完全なるフロックです。「3割さえ打てたら、プロの世界でレギュラーになれる」という気持ちで必死にやった結果で。

山崎 当時の打順、3番でしたよね？

門田 野村監督が、「たまたま3番が空いとるから、もう何も考えんでええから門田が3番バッターや」と。ここから始まって、あれこれ皮肉を言うわけです（苦笑）。「本来のクリーン・アップとしての3番バッターではなく、1番から数えて3番目の3番バッターや」と、嫌味を言われ続けたという（笑）。

山崎 そのシーズン、3番の門田さんが打点王を獲られたので、4番の野村さんが打席に入ると塁上にランナーがいないことが多く、結果的に野村さんの打点は下がってしまったという……。

門田 それからですよ。「この場面では、わざと三振せなアカン」とか「ヒットを打てるピッチャーやけど、あえて進塁打を打とうか？」とか気を遣うあまり、「こんなことまでやらなアカンの？」と悩む羽目になってしまってね。あまりに我慢ならない時には、塁上のランナーを全部返したことがあるんですよ！（笑）。

山崎 門田さん独自のバッティング理論についてお話を聞かせてください。

門田 僕は上背が170㎝しかなくて、しかも昔のボールは飛ばないという、厳しい現実がありましたから。野村監督の「ボールをバットに乗せて打つ」みたいなフォーム、理論は、何万回と素振りをして初めて出来上がるものでね。結局、小柄な自分も強振せんでも飛ばせるようになるまで、すごい回数の素振りをするしかなくてね。ホームラン40本以上を打てるようになった1980（昭和55）年のキャンプでの出来事です。真夜中の2時か3時ごろに部屋でスイングしていると、今まで聴いたこともないような「バーン！」という音がして鳥肌が立ったのを覚えています。10回スイングするうちの2回くらいは「あの音」が鳴るようになった時が、「強振せずとも遠くに飛ばせる」という自分のスイングが完成した時だったのかなと思います。1キロのバットを振り切れるようになったのが、ちょうどそのタイミングでした。それからは、外人みたいな打球が飛んで行きよるんです。

山崎 どうして、1キロのバットを使おうと思ったんですか？

門田 40本のホームランが打ちたいがために試行錯誤を続け、たどり着いたのが「上背がない僕の体格では、シーズン通して1キロのバットを使いこなせないと、外国人の長打力には太刀打ちできない」という結論でした。

山崎 前年、アキレス腱断裂という負傷があって、下半身にハンデを負っていますよね。

門田 アキレス腱断裂を経験して以降は、本来ならクルマ移動で済ませるところをあえて電車移動に変えて、日常生活の階段の登り降りすらトレーニングだという意識でやっていましたね。他の選手が1時間かけてやることを、ゆっくり3時間かけてやるくらいのイメージです。まず、歩く量を増やして、上半身、下半身のバランスをいい感じにキープすることを目指しました。加えて、負傷する前は首から下（の肉体だけ）が頑張っていたのを、首から上（インサイド・ワーク）も使うようになりましたね。とにかく、ピッチャーの癖、ゲームの雰囲気や情勢、グラウンドの風の状態など、打つためのヒントを得ようと、目に映るものすべてを利用し始めました。風がレフトに向かって吹いていれば、普段なら強引に引っ張っている打球を流してみたり。「風向きに合わせて打つなら、どのコースがいいのか？」と考えて、試合前の練習は風向きのチェックからスタートしました。

山﨑　当時の映像を観ると、レフト方面への打球も「流す」というより、引っ張っているように見えます。

門田　レフトへも引っ張っているように見えるでしょ？　そもそも、僕には「流す」という理論が分からないから、背中の強さ、柔らかさを活かして、グワーーンとレフト方面へ押し出して打つイメージでした。

山﨑　初期の頃の門田選手は構えた状態のトップの位置がさほど深くなく、そのまま振り出すようでしたが、アキレス腱の負傷以降、テイクバックが深くなり、スイング軌道が変わったような変化を感じました。

門田　19番（野村克也）の場合は、「バック・スイングは大きく取らずに、体重移動は30㎝くらいに抑えつつ、身体の回転はコンパクトにして、相手のボールの力を利用してえぇポイントで打ったら飛ぶ」という理論でね。ただ、僕らにはその理屈が分からんから、40発打てるようになるプロセスでは、「(脇を閉めた状態で）ミート・ポイントをできるだけ、前で！前で！」と意識していました。さらに言うと、小さな身体で飛ばそうとしている僕の場合は、上背とリーチのある外国人選手に負けんように、こんなスイングを目指していました。足を上げて、上体をねじって反動をつけて、背中の強さと柔らかさを利用して、インパクトの瞬間にすべてのパワーを解放して、なおかつ大きなフォロースルーで打球を押し込んでいく、遠心力の効いた打ち方をせんといかんと。

山﨑　王さんと門田さんのフォームの共通点として、「足を大きく上げる」という点がありますよね。あれは、ピッチャーの足が上がると同時にこちらも上げるようなタイミングだったんですか？

門田 王さんの場合は完璧な一本足打法で、僕の場合は打つための待ち方があのスタイルですからね。

山崎 とは言え、王さんよりも高く足が上がってますよね。

門田 時と場合によっては、王さんより足が高く上がる時もあります。それは、何でか言うたら、相手ピッチャーによって上げる足の高さは違うから。「このピッチャーならこれくらいまで」、「このピッチャーなら、上げた右足が左膝に当たるくらいまで」とか、僕の場合は、相手ピッチャーによって、足を上げる高さに段階がありました。さらに言うと、相手がクイックで投げてくると、ステップの幅も小さくしないとスイングが間に合わないから、ステップの幅も相手ピッチャーによって調整していました。他の選手は知らんけど、僕の場合は、足を上げる高さもステップの幅も相手ピッチャーによって臨機応変に変えます。いつも同じ一定のフォームで打っているように見えるけど、構えてから打つまでのわずかの間に、どれだけ多くのドラマがあるのか、皆知らないから。

山崎 構えた段階で「7：3」くらいの割合で軸足に体重が乗っているように見えるんですが、実際はどうだったんでしょうか？

門田 まず、構えた時点で（横から見ると）二等辺三角形が出来上がりますよね。軸足側に体重移動することで、後方に崩れた形の二等辺三角形になります。すると、元々は水平だった腰の角度がミサイルの発射台の角度（例えば30度くらいで上向きに）になりますよね。ここに気づくまでが大変やったんです。それまでは、上半身の力とバットの角度で打球を上げようとしたりして、うまくいかんわけです。ところが「軸足に重心を残しつつステップ幅を広くすることで、上向きになった腰の角度を活かせば自然にスイングの角度も上向きになり、打球を遠くに飛ばせる」という理論を自分で見つけていくんです。最近の選手だと、この理論は分からないと思うね。さらに言うと、僕がたどり着いた理論で大切なのは、持って生まれた体格がないだけに、背中の筋力と柔らかさを利用して、上半身を（後方に）ねじってねじって、100％の力で腰を回転させることで。ギリギリまでバットは出さずに、インパクトの瞬間にガーンと解放するんです。「体力のない僕らが体力のある奴に勝つにはどうするんや？」と自問自答した結果、腰と背中の力で身体の回転をグーンと加速させて、ボールが当たる直前まで絶対にバットを出さないフォームに行き着いたんです。

僕らの時代なら、たとえ我流でもええから、前例がなくても自分なりの理論を構築しようとしたけれど、今はそうやないでしょ？

山崎　アキレス腱を怪我する前から、「ホームラン至上主義」というか、そこを目指していたんでしょうか？

門田　そう思うてました。そもそも走るのが嫌だったから！　ホームランを打てば、走る必要ないじゃない？　確か、プロ入り1年目に、19番がナンバーワン（王　貞治）に頼んで、「（門田にバッティングを）教えてやってくれ」みたいな機会があって。僕はアホなこと言うてね、「多分、『軽う打っても（打球は）飛んでいく』みたいな説教をしたくて、事前にお2人で口裏を合わせたんとちゃいます？」と言うてしもうた（笑）。当時、あの2人合わせてホームラン700本打っているのに、僕は0本でしょ。さすがに、19番は怒った、怒った（笑）。ナンバーワンが「ノムさん、すごいルーキー入ってきましたね」と言い残して去って行きましたけど、2人の背中を見た時に自分の方向性が決まったんです。通算ホームラン1位のナンバーワンと2位の19番の間に割って入るか、それともそれに続くのか？　「何があろうと、そのレヴェルに達してみせる」というのが僕の目標になりましたね。それが原点なんです。

山崎 断裂したアキレス腱は右足ですよね。バッティングにおいてはステップする方の足になりますが、どう打つことに影響はあったんでしょうか？

門田 軸足じゃなかっただけ、まだマシです。だって、バッティングは軸足で打つわけだから。

山崎 「小さな身体で遠くに飛ばす」というテーマを追求される中で、アキレス腱をはじめ足を傷めてこられましたが、腰にも負担がかからなかったですか？

門田 23年間の現役生活を通じて、手首と腰だけをは一度も傷めなかったんです。なぜかと言えば、スイングの際、正しい腰の回転をしていたからで。1キロのバットで手打ちをしていたら誰でも腰がいかれるし、1週間でキヴアップです。腕力は使わず、腰の回転に乗せて打てば、身体のどこも何ともないから。

山崎 現役の最後、福岡ダイエーホークス時代でも、極端に成績は落ちてないと思うんですが……。

門田 19番のホームラン数、657本を超さなアカンから、現役をやっていただけでね。だから、ダイエーに移籍した1991（平成3）年のホームラン数は18本やったけど、あれが30本だったらずーっと現役をやっていたと思う。あの18本は、ガタガタと衰えが来た結果ですね。当時、「こらアカン、オッサンを追い抜けん。俺は今までオッサンを追い抜くために、必死に野球に打ち込んで来たのに、でけへんやないか！」と思いましたね。

山崎 オリックスバファローズの吉田正尚選手は小柄ながらフォロースルーも大きく、門田選手を思わせるフル・スイングが魅力的です。フォロースルーが片手になることが昨今では珍しく、よく話題になりますが……。

門田 僕に匹敵するくらい、いいスイングしてますね。「この人は故障さえなければ、いい打者になるのになぁ」というのが第一印象でしたけど、ここ2年くらい、故障してないよね。聞いた話ですけど、1つ気になるのは、

「得点圏にランナーがいると、フル・スイングは控えて軽打でランナーを返す」という考え方ね。そうではなく、チャンスであっても、甘いボールはフル・スイングでひたすら打ち返すことを貫いて欲しいよね。フォロースルーは両手でするのが当たり前という風潮、僕にはあれが分からへん。今の選手は破天荒になり切れん。僕らの時代なら、たとえ我流でもええから、前例がなくても自分なりの理論を構築しようとしたけれど、今はそうやないでしょ？　とことん野球を突き詰めなくても、福沢諭吉（お金）がどんどんどんどん入る時代ですから。

山崎　ミート・ポイントをインパクトより前に想定して振り抜く「前さばき」を実践するがゆえにフォロースルーが大きくなり、必然的にバットを持つ手も片手になる、ということですか？

門田　僕はもう、その理論に徹していました。「（全身のひねりを利したスイングを）大きく速くしないことには、外国人選手のパワーには対抗できん！」ということをひたすら追求してね。「外国人のパワーに何で負けるんだ？」という問いかけから、自分の打撃理論のすべてが始まりましたから。「何でそんなに高いハードルに挑戦するのか？　ヒットが打てれば充分でしょう？」という周囲の声は無視してね。

山崎　日米野球でメジャーリーグと対戦した際、「力負けしているな」みたいな瞬間ってありましたか？

門田　今はメジャーのレヴェルが下がったのか、日本のレヴェルが上がったのか分からんけども、当時のメジャーリーグとは全然、力の差がありましたよ。僕らの時代は「大リーグ」と聞いただけで緊張していましたけど、今ならインターネットやらテレビで情報を得ているから、メジャーの選手とでも仲良しになれるでしょ。

山崎　今の現役選手の中で、「こいつは見どころあるな」と思える選手はいますか？

門田　僕自身がスイング・スピードを上げる修行に徹してきた人間ですから、強く叩ける選手であれば前屈みになって見たくなりますね。福岡ソフトバンクホークスの柳田悠岐でも、あとはホームラン数さえ伸びれば三冠王も見えてくるでしょうね。ただ、驕ることのないようにしないと。野球選手として大成できるかは、レギュラーを取った年の強い志を、20年間保ち続けられるかどうかなんですよ。大抵の場合、この世界の人間は、収入が増えると油断してしまうから。何が怖いかって「心の隙」！　これがあると、怪我は追いかけてくるし、思い通りのスイングができなくなるんです。

門田博光（かどたひろみつ）／山口県出身。１９４８（昭和23）年2月26日生まれ。天理高からクラレ岡山を経て、１９６９（昭和44）年に、ドラフト2位で南海ホークスに入団。現役通算成績は、現役23年で２５７１試合に出場、２５６６安打、５６７本塁打、１６７８打点。通算本塁打数、通算打点数は、ともに歴代3位。豪快無比なフル・スイングで数多のアーチを掛けた、不世出のスラッガー。２年目の１９７１（昭和46）年に１２０打点で打点王を獲得。１９７９（昭和54）年のキャンプでアキレス腱を断裂するも翌年に復帰し、１９８１（昭和56）年には44本塁打を放ち、初の本塁打王に輝く。１９８８（昭和63）年には、40歳にして本塁打王と打点王の二冠に加え、ＭＶＰを獲得。40代での40本塁打、同１００打点は史上初であり、この年限りで消滅した南海ホークスのラスト・シーズンに華を添えた。40歳でのＭＶＰ選出はプロ野球史上最年長記録。門田の活躍にリンクする40歳を意味する「不惑」という言葉は、この年の流行語に選ばれた。その後、１９８９（平成1）年にオリックスブレーブス、１９９１（平成3）年には福岡ダイエーホークスに移籍し、１９９２（平成4）年限りで現役を引退。引退後は野球評論家として活躍。２００６（平成18）年、野球殿堂入り。

HIRO KIMURA

撮影　HIRO KIMURA　対話　山崎二郎

写真は自分自身の経験値の中から撮るものですから、自分の経験値が特異であれば、特異なものが浮かび上がってくる。つまり特異な生き方をしたかどうか？の話だと思うんです

１９７７年に生まれたHIRO KIMURAは高校まで野球一筋の毎日を送ってきた。が、母親の影響で服に興味を持ち、スタイリストを志す。21歳の独立直後に、いきなりアメリカはニューヨークに。世界で闘いたく。帰国後、ひくてあまたになるも、30歳にフォトグラファーを志す。34歳で独立するもまたも、ニューヨーク&ロンドンへ。種蒔きを終え、これからになるも帰国。俯瞰した視点で人物に迫る作風は、写真に止まらずムーヴィーの領域まで。そして、今、撮り溜めた男達のポートレートの展覧会『「ＨＥＲＯ１」日本人男性のポートレート展 - 熱狂の男たち -』が開かれた。これまでの挑戦の軌跡を辿りたい。

大義、意義のあるものを、いかにクリエイティヴを通してアウトプットできるのか？　ストレートにこれは、人に伝えていくんだということですね

――スタイリストを志望されたのは、どのような動機だったのですか？

HIRO　僕は野球少年だったので、18歳までは甲子園を目指して野球をやっているような、ファッションとはまったく無縁の人間でした。ですが、母がファッションにとても興味がある人だったので、だんだんと影響を受けまして。野球での進学を目指したものの志望大学に落ちてしまって、何もやることがなくなった時に、自分の中に残っていたものが「ファッションの道を目指してみよう」という気持ちだったんです。それで、茨城の田舎から出て専門学校へ。

――東京に出てきて、どなたかのアシスタントには付かずに？

HIRO　何人か付いたのですが、最終的にきちんとアシスタントをやらせていただいたのは、大久保篤志さんです。当時は〈ヴィンテージキング〉という古着屋さんが原宿にありましたが、そこにチョーク・ストライプのスリーピースを着て、衣裳のデニムを返却しに行っている大久保さんがめちゃくちゃカッコ良かったのを覚えています。当時僕はまだ学生でしたが、その姿を見て「こういう人に付けたら本望だな」と感じ、お願いしてアシスタントをさせていただきました。そこから1年半ほど経て、独立を機にニューヨークへ行きまして。今から23年くらい前ですかね？　そこで、ある方をご紹介いただき――その方はエアロスミスのスティーヴン・タイラーのスタイリングなどをされていて――会いに行ったものの、結局連絡が取れず、その方のアシスタントに付くことは叶わなかったんです。当時は学生ヴィザがありましたが、学校へはあまり行かず、アシスタン

ト業をしながら〈ピア・フィフティーナイン〉という大きなスタジオにしょっちゅう通っていました。今でこそウェブ・サイトは当たり前ですけど、その頃は「コンポジット・カード」というのを皆さん持っていて、そこに誰々のアシスタントだとか記載されているんですね。当時、僕が派手な格好をしていたので目を引いたのか、コンポジを渡されて「君と撮影がしたい」と言ってもらう機会がありまして、その頃からだんだんと作品撮りを始めていきました。自分でスタイリングをするよりも、ファッション・エディトリアルの醍醐味や面白さにどんどん魅了されまして。ロケハンをして絵コンテを描いて、こういう風にカメラマンに撮ってほしい。そういったところから少しずつ、何かが始まっていたのかもしれないです。

――日本で第一線を走られる前から、いきなりニューヨークへ行かれたわけじゃないですか？　それはもう、日本ではなく、アメリカや海外で勝負したいという気持ちが強くあったということですか？

ＨＩＲＯ　そうですね。これもやはり大久保篤志さんの影響が強いかと思います。僕はアシスタントをしながら「この方が頂点だ」と思っていましたので、この方から独立させていただくのであれば、これはもう次の場所に行くべきなんじゃないかという感覚でしょうか。

――帰国されてから、スタイリストとしてガンガンご活躍されて。そこからなぜカメラマン一本に？

ＨＩＲＯ　これはニューヨークに行くもう1つのきっかけでもあるのですが……矢沢永吉さんの『成りあがり』という著書を読んで、大ファンだった矢沢さんのスタイリングをいつか必ずさせていただくというのを目標にしながらスタイリストを続け、こちらからも幾度となくアプローチをさせてもらっていたんです。僕が27、8歳の時でしょうか、『バァフアウト！』で矢沢さんの撮影があるからと、たまたまスタイリングをさせていただく機会がありました。ワン・カット限りでしたが、入念に準備をして、大きな硬い紙にヴェルヴェットの布を貼ったメニュー表のようなスタイリングの提案表を作ったんです。当日、矢沢さんが「どれがよいですか？」とおっしゃって、僕の意見をご提案したところ「じゃあ、それでいこう」と着てくださって。それから撮影も終わり、矢沢さんが更衣室から出られた時に、「良ったらこれを使ってください。今日を1日、頑張られてください」とパンツと靴下をお渡ししたんです。実は、矢沢さんの『アー・ユー・ハッピー？』という僕の大好きな本に「風呂上がりにパンツと靴下が用意されていた。そんなことをされたら、たまらないね男は」といった文脈があるのですが、すごく印象的だったので同じようなことをしてみようかな？と思いまして。僕が帰った後にスタッフから聞いたところ、「あいつと仕事したい」と矢沢さんが言ってくださったそうなんです。そこから2年間ほど矢沢さんのスタイリングをさせてもらう中で、憧れていた写真家の操上和美さんと、矢沢さんがセッションをされるという現場がありまして、今まで僕がスタイリストとして眺めていた矢沢さんを、〝カメラマンが切り取る姿勢〟として目撃したんです。「ものを作って行く中でこういう関わり方ができるのであれば、写真家になるべきだ」と、ふつふつとした想いもあり、その時にはっきりと「スタイリストはもう辞めよう」と決心しました。

―― また1からのスタートでアシスタントとして付くとなると、それまで積み重ねた自信やプライドは、ご自身の中で障害にはならなかったですか？

HIRO 実は、元々自信は非常に少なかったんです。というのも中学生の時に壮絶ないじめに遭いまして、劣等感の塊のような子でしたから、それが今でも自分の中で起爆剤というか原動力になっているところがあるんです。だからスタイリストとしても、そういう想いに突き動かされてやってこられたというか。ただ、スタイリストとしてキャリアをスタートしたら、わりとストレートに物事が進み始めたんですね。それが自分にとってあまり良くなかったのかもしれません。お金もいただけるしカッコ良い仕事だし、今思えば全然そんなことはないのに、気持ち的に図に乗るというか、どんどん勘違いをしていくことになって。そんな時、矢沢さんや操上さんという本当に身に余る方々との出会いがあり、「なぜ僕はこうなんだ」と再び自信がなくなった。であれば一度、0に戻れば、今の場所から飛び降りてみれば、また上がってこられるんじゃないか？という考えになりました。なので、写真家の道に1から挑戦することは、特に勇気が必要でもなかったんです。逆に楽になりました。

――そしてまた、アメリカ、イギリスへと渡られますよね？

HIRO 約4年間、操上さんに師事させていただき、独立した後に行きました。スタイリスト時代にニューヨークを訪れた衝撃がものすごく残っていたので、これは必ずもう1回行くぞと、自分の心に火を付けるじゃないですが、もう1つ自信になるものが欲しかったというか。とんでもない連中が集まっている所で、自分がどこにいるのか？　どういうモチヴェーションで闘っているのか？を測ってみたかった気持ちも非常にありました。滞在期間は1年半ぐらいですかね？　世界中のマガジンにものすごい量のメールを送っては、週に2、3回、お金もない中で撮影をして。まぁそれがない限り、ブックに箔が付かないことも当然知っていたので、できる限りのロケーション、できる限りの面白いエディトリアルを作らないといけないという使命感の中でやっていました。本当に面白い日々でしたよ。モデル・エージェントに怒られまくったり、洋服が全然借りられないとか、そんなことばかりでしたけどね。

――トップ中のトップである操上さんのすごさを間近で感じられて、さらに世界の色々な水準を見てきて、そこから日本に帰ってきました。自分が撮るポートレートの独自性は、何だと考えていましたか？

ＨＩＲＯ　写真は自分自身の経験値の中から撮るものですから、自分の経験値が特異であれば、特異なものが浮かび上がってくる。つまり特異な生き方をしたかどうか？の話だと思うんです。そこに対してのチャレンジは自分の中ではしたつもりなので、そういうものが写るだろうと確信していました。当然、自分のオリジナリティーとは何だろう？というのを考えながらスタートを切りましたが……やはり、しっかりとメリハリの効いたクールな写真に対しての憧れが自分の中で強かったので、それを邁進してきたということでしょうか。

――ＨＩＲＯさんのポートレートは、人物の内面を切り取るだけでなく、俯瞰しているというか。適した言い方ではないかもしれませんが、全体の中に人物がいるような、そういったエディトリアルな視点をすごく感じます。自分がどんどん被写体に寄って行く方がよりえぐり出せるのに、引きつつ、加えて人物も浮かび上がらせることは、かえって難しいと思うんですよ。しかもモノクロですから、そこに挑戦を感じます。そしてムーヴィーも撮られているというのも俯瞰して見られるからこそで。必然の流れだったのではないですか？

ＨＩＲＯ　時代の流れもありますけど、ＡＩだ、５Ｇだ、インフラだ、その辺の流れが自分の中には大きく響いていました。ムーヴィーの仕事をやらせてもらったことによって、この写真の世界が広がったなと強く思うので、これからも続けていきたいです。大義、意義のあるものを、いかにクリエイティヴを通してアウトプットできるのか？　ストレートにこれは、人に伝えていくんだということですね。なので、皆さんを撮影させてもらう時は――こういう輝いている方々は、努力を惜しまず、挫折をたくさん経験して、美しく生きてこられた方たちなので。その充満した裏側にあるものを撮りたいなと。居たたまれなさと悲しみと言いますか。姿勢としては、あくまでも誠実に真っすぐに向き合っていきたいと思っています。

――表と裏のコントラスト。今回の企画展はいつ頃から構想をされましたか？　この写真展の素晴らしさ、凄いところは、各媒体で撮り溜めた作品のみでの構成でなく、この企画のためだけに、1からオファーして撮っている作品が多くあることで。それって、すごい労力と、被写体への説得力が必要なことだと思います。

HIRO そうなんです。具体的に考えていたのは3年くらい前でしょうか。今は肖像権の問題なども厳しいので、許可取りが本当に大変でしたけど（笑）。実はこれ、1回で完結と考えていたんですけど、どうしてもこういうご時勢ですし、何かあったらということで2回に分けたんです。それによって、3回目となるファイナルもやろうと思っているので。1と2できちんと多くの方々に観ていただき、評価をいただきたい。そしてファイナルを目指して頑張ろうかなと。

――ファイナルと言わずライフワークとしてぜひ。というのも、強さだけじゃなく、弱さ、負けも内包した目線で撮る、人生後半戦のHIROさんの写真も観たいんです。

HIRO このポートレート展でまた火が付くことを信じています。何かまた、大きな動きがあるんじゃないかな？というのは、本当に楽しみにしているんですよね。

（写真掲載順に）P124 萩本欽一、P125 堺 正章、P126 水谷 豊、P127 野村萬斎、P128 佐野元春、P129 高橋幸宏、P130 大杉 蓮、P131 浅野忠信、P132 堤 真一、P133 阿部 寛、P134 渡部篤郎、P135 永瀬正敏、P136 チバユウスケ、P137 宇崎竜童、P138 片岡愛之助、P139 EXILE ATSUSHI、P140 山口智充、P141 中尾 彬

『「HERO1」日本人男性のポートレート展 -熱狂の男たち-』
6月8日〜6月13日まで〈ヒルサイドフォーラム〉にて開催

NAGOYA
NIT
Meikodai

OVER 40 ATHLETES featuring

加藤文彦

社会や誰かのせいにするのではなく、自分が挑戦していくことで乗り越えていくことだと

対話&撮影　山崎二郎

吃音というハンディキャップで中二で野球部を辞め、その後は職場の草野球チームで45歳までプレイ。が、大学の硬式野球部でプレイするという夢を実現するべく、仕事を終えた後、勉強をし、55歳で国立名古屋工業大学に入学。現在2年生、57歳の加藤文彦選手。何歳になっても、挑戦し続けることはできるということを実証している姿は、56歳で週末野球選手と自称し、草野球で盗塁記録に挑んでいる自分にとって、この上ない衝撃かつ刺激を受けた。さっそく、名古屋に向かい、加藤選手に話を訊いてみた。

挑戦をすることで、新しい自分に出会うことができるということで

山崎 55歳で初めて硬球でプレイするに当たって、怖さはありませんでしたか？

加藤 怖さはあったんですけど、それ以上に「心躍る探求」という心境で。挑戦をすることで、新しい自分に出会うことができるということで。

山崎 軟式と硬式の一番大きい違いはなんでしたか？

加藤 ノックを受けていて、打球が途中で跳ね上がって加速して、顔に向かってくる感じなんですね。バッティングでは、インサイドアウトのスウィングじゃないと、掌がパンパンに腫れることですね。

山崎 で、練習試合でレフト前ヒットを放ちました。

加藤 オープン戦だったんですけど、硬式の試合の初打席で。監督からは「3回振ってこい」と言われ、振り遅れがたまたま、レフト前に落ちたということで。試合後もみんなが「一番盛り上がった！」と祝福してくれて、とても嬉しかったですね。

山崎 加齢で真っ先に衰えるのが脚力ですが、練習映像を拝見すると軽快に走られていらして。

加藤 みんなとダッシュの練習をすると、最初は離されてしまっていて。でも、年齢のせいにしたくなくて。いつかは試合で盗塁できるようになりたいなと、ウェイト・トレーニングや股関節を柔らかくすることをおこなっています。最近ではダッシュで少し時間を縮めることができるようになりました。

山崎 先日は初の公式戦に出場されましたが、公式戦ならではの緊張感はどう感じましたか？

加藤 4対0で勝っていた9回ツーアウトの状況で一塁の守備に入ったんですけど、それまでノー・エラーだったんで引き締まった緊張感がありました。一塁なので、なんとか身体で止められればと思っていました。

山崎 息子の年齢の選手の中に、入っていくということで、プライドが邪魔をしたり、恥ずかしさとかはなかったですか？

加藤 なかったと言えば嘘になりますけど、それを遥かに上回ったのが好奇心と挑戦する気持ちと、新しい自分に出会いたいという想いでした。

山崎 加藤さんが入部された際の上級生のリアクションって、どうだったんですか？

加藤 私は敬語で話しましたけど、みんなも私が歳上ということで、お互い、敬語で話していました。最初はノックでエラーしても、何も言われなかったですけど、最近では声を掛けてくれるようになって。

山崎 この挑戦って、大学に入らないとできないという、すごくハードルが高いわけじゃないですか？

加藤 仕事から家に帰ったら、ひたすら勉強していました。国立なのでセンター試験があるので、受験したい理系以外の文系の科目も必要ですし、大変でした。

山崎 専攻以外の文系科目、現役世代なら授業でやっているので鮮明ですが、もう一度、1から勉強しないといけないハンデがありましたか？

加藤 1からやるのには時間がないので、ひたすら問題を解いていました。

山崎 苦労されて、結果、合格しました。

加藤 合格が判った後、すぐにここのグラウンドに足を運びました。

山崎 仮に受からなかった場合、翌年も挑戦していましたか？

加藤 受かるまで挑戦を続けていたでしょうね。でも、受かったことで野球部に入れましたし、今日みたいに取材も受けることも、2、3年前には想像も出来なかったことで。最近では人生が加速している感じがします。ずっと仕事と家の往復の人生だったのが、挑戦を始めてみると世界が変わったように見えると言いますか。吃音でもいろんな症状がありまして、僕の場合は特定の言葉「カ」が出てこなく。いろいろ言い換えをして伝えるようにしていましたけど、自分の名前が加藤なもので、自分の名前は言い換えられませんので。それでイジメがあったりして、中二の時に野球部を辞めたんですね。高校も部活に入らず、大学でヨット部に入りました。そこで、「自己紹介する前に深く深呼吸をしてみたら?」というアドヴァイスをいただきまして。それでやってみたら、できまして。そこから吃音を克服していけました。

山崎 大学を卒業後は公務員になられて。職場の軟式野球チームに所属されたと。

加藤 甲子園を目指していた高校球児がたくさんいるレヴェルが高いチームだったんです。全国大会にも出るような。ですが、消防署勤務の選手も多く、だいたい人数ギリギリでしたので、僕でも出ることができました。

山崎 45歳でプレイを止めた理由はなんだったんですか?

加藤 足の衰えでした。走れなくなるとそろそろ潮時かな?と。若手の台頭もありますし。

山崎 通常はそこで終わるんですが、加藤さんの場合、そこから挑戦を始めるという。

加藤 そうですね。私の背番号は89なんですけど、これまで取材の際には「野球で89だから」とか「尊敬する王貞治さんの監督時代の背番号だから」と話していたんですけど、今日、初めて申しますのは、四苦八苦で89。人生は苦しみの連続ですけど、悩んでいてもしょうがなく、それを社会や誰かのせいにするのではなく、自分が挑戦していくことで乗り越えていくことだという意味で89なんですね。

山崎 そういう想いだったんですね。プレイを止めてからは何か身体を動かしていたんですか?

加藤 ランニングはずっと続けていました。そのお陰で筋肉が維持できていたかもしれないですね。今はジムでトレーニングと、内転筋と臀部を鍛えるために自宅近くの山を走っています。

山崎 大学に入り、硬式野球部でプレイしたいと思ったのはいつ頃だったんですか?

加藤 2年前ですかね。地域の自治会長って順番で回ってくるんですけど、就任するといろんな場所で話す機会があって。子供たちに向かって「夢を持って、夢に向かって進みましょう」と言っても、説得力がなく。そこで自分と向き合ってみまして、「硬式野球部に入ろう」と。高校野球は年齢制限がありますが、どうも、大学野球は制限がないということで、目指そうと。

山崎 思いつく前は、人生の後半、60歳の定年退職後はどんなイメージをお持ちだったんですか？
加藤 このまま終わっていいのか？という想いはずっと思っていました。「人生１００年時代」と言われるようになりましたが、自分も野球という括りで新たに学びたいという想いがふつふつと湧いてきたんですね。
山崎 思いついてから、行動するまでどのくらいの期間があったんですか？
加藤 すぐ、でした。明日からやるのと、今日からやるのでは大きな差があると思っていまして。「明日からでいいや」と思うと、なかなかスタートが切れませんが、思い立ってすぐにスタートすれば、その瞬間から違う景色が見えるといいますか。
山崎 ご家族に構想をお話した時、どんな反応でしたか？
加藤 最初はいい顔しなかったですね（笑）。ですが、私はずっと家の掃除をおこなってきたので、それを継続するということで、納得してくれまして。今ではトレーニングもいっしょに付き合ってくれています。
山崎 現在、平日はお仕事と、リモートでの授業とご多忙の中、トレーニングも欠かさずと？
加藤 はい。私は準備としてコンディショニングがすごく大事だと思っておりますので。寝る時間は23時、起きる時間は４時30分と決めておりまして、朝は公園と山を走って６時に寺の鐘を鳴らすのをルーティーンとしています。その後、洗濯中に器具を使ってトレーニングして、仕事に行き、お昼休みに山で走って。夜は、妻と一緒に近くを走るという流れです。
山崎 「目標は大学野球大会で〈神宮球場〉でプレイすること」と。
加藤 はい。有望なピッチャーが揃っていますので、３部から２部に上がって、１部に上がれば〈神宮球場〉での大会に出られますので、そこが目標です。ですが、まずはベンチに入れる25人に入れるようにと。大学を卒業しても、ずっと挑戦を続けていきたいです。

INFORMATION

STEPPIN' OUT!　ステッピンアウト！

facebook : @steppinoutmagazine　Instagram : magazinesteppinout　twitter : @OutSteppin

BARFOUT!　バァフアウト！

1992 年創刊以来 29 年、新しい世代の表現者を「批評」するのではなく、「応援」するカルチャー・マガジン。毎月 19 日発売（月により変動します）。

facebook : @barfoutmagazine

Instagram : barfout_magazine_tokyo

twitter : @barfout_editors

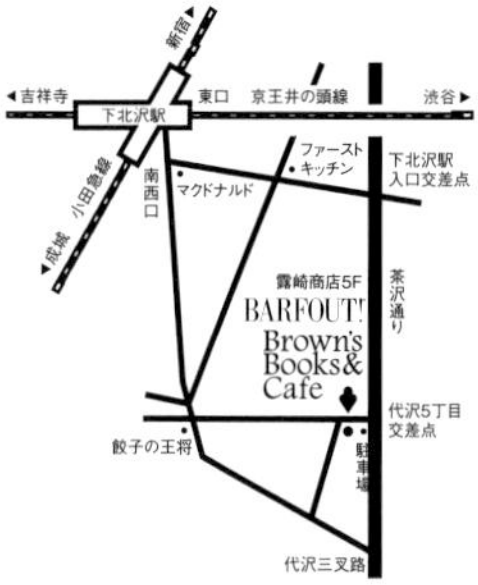

Brown's Books & Café　ブラウンズブックス＆カフェ

音楽、演劇など街ごとカルチャーな下北沢。平日は『ステッピンアウト！』、『バァフアウト！』編集部が土日はブック・カフェに。山崎二郎の本棚がそのまま展開。全て販売もしています。

営業時間 13:00 ～ 19:00　TEL.03-6805-2640

facebook : @brownsbooksandcafe　Instagram : brownsbooksandcafe

twitter : @BrownsBooksCafe

JIRO YAMAZAKI　山崎二郎

facebook : @ jiroyamazaki　Instagram : jiroyamazaki

PRESENT

1. 柚希礼音　（サイン入りチェキ 2 名様）
2. 茂木欣一　（サイン入りチェキ 1 名様）
3. 西田尚美　（サイン入りチェキ 1 名様）
4. 市川実和子　（サイン入りチェキ 1 名様）
5. 高岡早紀　（サイン入りチェキ 1 名様）
6. 秋山竜次（ロバート）　（サイン入りチェキ 1 名様）

このページ右下の「プレゼント応募券」を貼り、①お名前、②ご住所、③お電話番号またはメイル・アドレス、④この号を読んだご感想、⑤上記のご希望のプレゼント番号を、郵便はがきにご記入の上、以下の住所までご応募ください。抽選でご希望のプレゼントをお送りします（発表は発送をもって代えさせていただきます）。

ご記入いただいた個人情報は、プレゼントの発送のみに利用し、外部に提供することはございません。アンケートの内容は編集参考資料とさせていただきます。

締切／ 2021 年 8 月 9 日消印有効

応募先　〒 155-0032　東京都世田谷区代沢 5-32-13-5F

ステッピンアウト！ 2021 年 8 月号プレゼント係　宛

NEXT ISSUE

次号のステッピンアウト！ 2021 年 10 月号は 2021 年 8 月 9 日発売予定です。

その他、内容は決まり次第 SNS でアップしていきますので、是非見てみてください！

STEPPIN' OUT!
AUGUST 2021
プレゼント応募券

BACK NUMBER

STEPPIN' OUT!
WINTER 2008
VOL.1 1,000円(税抜)
COVER STORY /
横山 剣(クレイジーケンバンド)
宇崎竜童、大沢伸一、奥田民生、辻 仁成、童子-T、長谷川京子、ポール・ウェラー、リリー・フランキー

STEPPIN' OUT!
SPRING 2009
VOL.2 952円(税抜)
COVER STORY /
松任谷由実
吉井和哉、紀里谷和明、工藤公康(横浜ベイスターズ)、辻 仁成、冨田恵一、ムッシュかまやつ、横山 剣(クレイジーケンバンド)

STEPPIN' OUT!
SUMMER 2009
VOL.3 1,238円(税抜)
COVER STORY /
矢沢永吉
ウィル・アイ・アム(ブラック・アイド・ピーズ)、工藤公康(横浜ベイスターズ)、竹中直人、小宮山 悟(千葉ロッテマリーンズ)、紀里谷和明、石井琢朗(広島東洋カープ)

STEPPIN' OUT!
WINTER 2010
VOL.4 1,429円(税抜)
COVER STORY /
鈴木雅之
大瀧詠一、小林和之(EPICレコードジャパン代表取締役)、田代まさし、丹羽昭男(エス・エス・エスシブヤ楽器代表取締役)、横原敬之、山口隆二(元〈ルイード〉代表取締役)、湯川れい子、浅野忠信、小久保裕紀(福岡ソフトバンクホークス)、辻 仁成、トム・フォード、パッキー井上、本木雅弘、山崎武司(東北楽天イーグルス)

STEPPIN' OUT!
JANUARY 2019
VOL.5 1,200円(税抜)
COVER STORY /
大泉 洋
渡部えり、時任三郎、SHERBETS、小宮山 悟、遠藤憲一、中村紀洋、古田新太、新羅慎二(若旦那)、塚本晋也
STEPPIN' OUT! presents Movilist
ムーヴィリストというライフスタイル~福岡・上五島編 BLACK & WHITE MEMORIES OF TURKEY by 永瀬正敏

STEPPIN' OUT!
MARCH 2019
VOL.6 1,200円(税抜)
COVER STORY /
安田 顕
奥田瑛二、三上博史、香川照之、永瀬正敏、藤倉 尚、大森南朋、安藤政信、鈴木尚広
STEPPIN' OUT! presents Movilist
ムーヴィリスト、冬の長崎~熊本を移動し、愉しむ

STEPPIN' OUT!
JUNE 2019
VOL.7 980円(税抜)
COVER STORY /
スガ シカオ
滝藤賢一、谷中 敦(東京スカパラダイスオーケストラ)、原 恵一、亀田誠治、SODA!、上川隆也、長谷川京子

STEPPIN' OUT!
AUGUST 2019
VOL.8 980円(税抜)
COVER STORY /
三上博史
高橋源一郎、近田春夫、宮沢和史、ノーマン・リーダス、武田大作、多村仁志
STEPPIN' OUT! presents Movilist
ムーヴィリスト、尾道、会津、松山を往く、ムーヴィリスト、金沢を往く

STEPPIN' OUT!
OCTOBER 2019
VOL.9 980円(税抜)
COVER STORY /
オダギリ ジョー

橋爪 功、北大路欣也、柄本 明、舘ひろし、横山 剣(クレイジーケンバンド)、中井貴一、唐沢寿明、吹越 満、沢村一樹、渡部篤郎

STEPPIN' OUT! presents Movilist
ムーヴィリスト、北海道を往く
featuring 広瀬すず

STEPPIN' OUT!
DECEMBER 2019
VOL.10 980円(税抜)
COVER STORY /
佐野元春

瀬々敬久、松重 豊、松尾スズキ、仲村トオル、坂井真紀、西島秀俊、白石和彌、窪塚洋介

STEPPIN' OUT! presents Movilist
ムーヴィリスト、東山、富良野、稚内、沖永良部島を往く

STEPPIN' OUT!
FEBRUARY 2020
VOL.11 980円(税抜)
COVER STORY /
久保田利伸

市村正親、江口洋介、大沢たかお、藤木直人、永野

STEPPIN' OUT! presents Movilist
ムーヴィリスト、沖縄・西表島、竹富島を往く、星野佳路(星野リゾート代表)

STEPPIN' OUT!
APRIL 2020
VOL.12 600円(税抜)
COVER STORY /
東山紀之

寺脇康文、永瀬正敏、織田裕二、吉田栄作、大泉 洋×小池栄子

STEPPIN' OUT! presents Movilist
ムーヴィリスト、冬の青森を往く

STEPPIN' OUT!
JUNE 2020
VOL.13 600円(税抜)
COVER STORY /
岡田准一

ASKA、石橋蓮司、伊東輝悦、田中 泯、玉木 宏、常盤貴子

STEPPIN' OUT! presents Movilist
ムーヴィリスト、初春の松江、出雲を往く

STEPPIN' OUT!
OCTOBER 2020
VOL.14 600円(税抜)
COVER STORY /
妻夫木聡

岡本健一、緒川たまき、窪塚洋介、小泉今日子、豊原功補、仲間由紀恵、行定 勲

STEPPIN' OUT! presents Movilist
鈴木理策、佐久間由衣、ムーヴィリスト、那須高原を往く

STEPPIN' OUT!
DECEMBER 2020
VOL.15 600円(税抜)
COVER STORY /
堤 真一

黒沢 清×蒼井 優、升 毅、豊原功補、小泉今日子、中村獅童、井浦 新

STEPPIN' OUT! presents Movilist
佐久間由衣、星野佳路(星野リゾート代表)、ムーヴィリスト、金沢を往く

STEPPIN' OUT!
FEBRUARY 2021
VOL.16 600円(税抜)
COVER STORY /
東山紀之

木﨑賢治、横山 剣(クレイジーケンバンド)、鈴木保奈美、トータス松本、吉田 羊

STEPPIN' OUT! presents Movilist
ムーヴィリスト、11月の軽井沢を往く

BACK NUMBER

STEPPIN' OUT!
APRIL 2021
VOL.17 600円(税抜)

COVER STORY /
役所広司

宇崎竜童、草刈正雄、坂本昌行、西川美和、菅野美穂、峯田和伸、広末涼子

STEPPIN' OUT! presents Movilist
ムーヴィリスト、冬の沖縄、小浜島を往く

STEPPIN' OUT!
JUNE 2021
VOL.18 600円(税抜)

COVER STORY /
江口洋介

きたろう、竹中直人×山田孝之×齊藤工、田口トモロヲ×松重 豊×光石 研×遠藤憲一、竹野内 豊

STEPPIN' OUT! presents Movilist
ムーヴィリスト、冬の京都を往く

Movilist ACTION 1
980円(税抜)

COVER STORY /
1984年と2014年。『VISITORS』から『MOVILIST』へ。佐野元春と往くニューヨーク

波瑠、大谷健太郎、安藤美冬、木村文乃、江口研一、大沢伸一、若旦那、他
ESSAY / 江 弘毅、谷中 敦(東京スカパラダイスオーケストラ)

Movilist ACTION 2
980円(税抜)

COVER STORY /
『ナポレオンフィッシュと泳ぐ日』から『BLOOD MOON』へ。1989年と2015年。
佐野元春と往くロンドン

江 弘毅、山崎二郎、佐々部 清、市川紗椰、今井美樹、安藤美冬、江口研一、永瀬沙代

Movilist ACTION 3
980円(税抜)

COVER STORY /
A Treasure Found in Iriomote Island, Okinawa 柚希礼音、沖縄・西表島で休暇を過ごす

波瑠、大谷健太郎、笹久保 伸、タクシー・サウダージ、山崎二郎、木村文乃、永瀬正敏、本田直之

『TOSHINOBU KUBOTA in INDIA』
2,857円(税抜)

久保田利伸のデビュー25周年を記念した、自身初の写真集。かねてより彼が訪れたいと願っていた聖地・インドで、フォトグラファー・中村和孝が灼熱の日々を活写している。

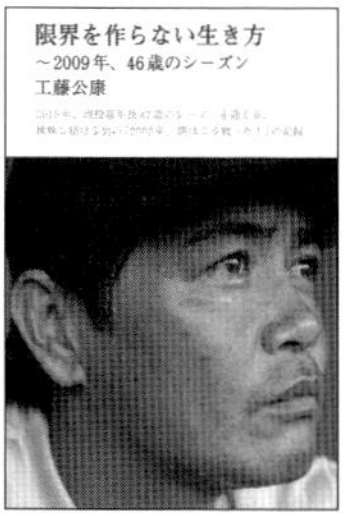

『限界を作らない生き方～2009年、46歳のシーズン』
工藤公康・著
1,500円(税抜)

『ステッピンアウト!』が1年間追い続けたインタヴューをまとめた、挑戦し続ける男の「2009年、僕はこう戦った!」の記録。

STEPPIN' OUT!®

ステッピンアウト！ AUGUST 2021 VOLUME 19

EDITOR 堂前 茜 岡田麻美 松坂 愛 多田メラニー 上野綾子

DESIGNER 山本哲郎

PRINTING 株式会社 シナノパブリッシング プレス

STEPPIN' OUT! ステッピンアウト！ AUGUST 2021

2021年6月7日第1刷発行 ISBN 978-4-344-95409-0 C0070 ￥600E

発行：株式会社ブラウンズブックス 〒155-0032 東京都世田谷区代沢 5-32-13-5F

tel.03-6805-2640, fax.03-6805-5681, e-mail mail@brownsbooks.jp

Published by Brown's Books Co., Ltd. 5-32-13-5F Daizawa, Setagaya-ku, TOKYO,JAPAN. Zip 155-0032

発売：株式会社 幻冬舎 〒151-0051 東京都渋谷区千駄ヶ谷 4-9-7 tel.03-5411-6222, fax.03-5411-6233

STEPPIN' OUT!

AUGUST 2021 VOLUME 19

9784344954090
1920070006001
ISBN 978-4-344-95409-0
C0070 ¥600E

定価 660 円（本体 600 円）
発行／株式会社ブラウンズブックス
発売／株式会社 幻冬舎

MAGAZINE FOR A MAN CONTINUE TO CHALLENGE

STEPPIN' OUT!

挑戦し続ける大人たちへ

APRIL 2021 VOLUME 17

役所広司

宇崎竜童　草刈正雄　坂本昌行　西川美和　菅野美穂　峯田和伸　広末涼子

ピンチはチャンス。
今こそ、大きなチェンジを。
大きなサイズの家を求めるのではなく
野を移動する遊牧民のように
住む場所から自由になる
持ち物を少なくし
いつでも次の移住地に

画・早乙女道春